A Revolução Cubana

FUNDAÇÃO EDITORA DA UNESP

Presidente do Conselho Curador
Mário Sérgio Vasconcelos

Diretor-Presidente
Jézio Hernani Bomfim Gutierre

Superintendente Administrativo e Financeiro
William de Souza Agostinho

Conselho Editorial Acadêmico
Danilo Rothberg
Luis Fernando Ayerbe
Marcelo Takeshi Yamashita
Maria Cristina Pereira Lima
Milton Terumitsu Sogabe
Newton La Scala Júnior
Pedro Angelo Pagni
Renata Junqueira de Souza
Sandra Aparecida Ferreira
Valéria dos Santos Guimarães

Editores-Adjuntos
Anderson Nobara
Leandro Rodrigues

Luis Fernando Ayerbe

A Revolução Cubana

Coleção Revoluções do Século XX
Direção de Emília Viotti da Costa

© 2004 Editora Unesp

Direitos de publicação reservados à:
Fundação Editora da Unesp (FEU)
Praça da Sé, 108
01001-900 – São Paulo – SP
Tel.: (0xx11) 3242-7171
Fax: (0xx11) 3242-7172
www.editoraunesp.com.br
www.livrariaunesp.com.br
atendimento.editora@unesp.br

CIP – Brasil. Catalogação na fonte Sindicato
Nacional dos Editores de Livros, RJ.

A977r
Ayerbe, Luis Fernando
A Revolução Cubana / Luis Fernando Ayerbe. – São Paulo: Editora Unesp, 2004. il. – (Coleção Revoluções do século XX)

Bibliografia.
ISBN 85-7139-549-7

1. Cuba – História – Revolução, 1959. 2. Cuba – Política e governo, 1959. I. Título. II. Série.

04-2420   CDD 972.91064
                                     CDU 94(729.1) "1959/..."

Editora afiliada:

Asociación de Editoriales Universitarias
de América Latina y el Caribe

Associação Brasileira de
Editoras Universitárias

Apresentação da coleção

O século XIX foi o século das revoluções liberais; o XX, o das revoluções socialistas. Que nos reservará o século XXI? Há quem diga que a era das revoluções está encerrada, que o mito da Revolução que governou a vida dos homens desde o século XVIII já não serve como guia no presente. Até mesmo entre pessoas de esquerda, que têm sido através do tempo os defensores das ideias revolucionárias, ouve-se dizer que os movimentos sociais vieram substituir as revoluções. Diante do monopólio da violência pelos governos e do custo crescente dos armamentos bélicos, parece a muitos ser quase impossível repetir os feitos da era das barricadas.

Por toda parte, no entanto, de Seattle a Porto Alegre ou Mumbai, há sinais de que hoje, como no passado, há jovens que não estão dispostos a aceitar o mundo tal como se configura em nossos dias. Mas quaisquer que sejam as formas de lutas escolhidas, é preciso conhecer as experiências revolucionárias do passado. Como se tem dito e repetido, quem não aprende com os erros do passado está fadado a repeti-los. Existe, contudo, entre as gerações mais jovens, uma profunda ignorância desses acontecimentos tão fundamentais para a compreensão do passado e a construção do futuro. Foi com essa ideia em mente que a Editora Unesp decidiu publicar esta coleção. Esperamos que os livros venham a servir de leitura complementar aos estudantes da escola média, universitários e ao público em geral.

Os autores foram recrutados entre historiadores, cientistas sociais e jornalistas, norte-americanos e brasileiros, de posições políticas diversas, cobrindo um espectro que vai do centro até a esquerda. Essa variedade de posições foi conscientemente buscada. O que perdemos, talvez, em consistência, esperamos ganhar na diversidade de interpretações que convidam à reflexão e ao diálogo.

Para entender as revoluções no século XX é preciso colocá-las no contexto dos movimentos revolucionários que se desencadearam a partir da segunda metade do século XVIII, resultando na destruição final do Antigo Sistema Colonial e do Antigo Regime. Apesar das profundas diferenças, as revoluções posteriores procuraram levar a cabo um projeto de democracia que se perdeu nas abstrações e contradições da Revolução de 1789, e que se tornou o centro das lutas do povo a partir de então. De fato, o século XIX assistiu a uma sucessão de revoluções inspiradas na luta pela independência das colônias inglesas na América e na Revolução Francesa.

Em 4 de julho de 1776, as treze colônias que vieram inicialmente a constituir os Estados Unidos da América declaravam sua independência e justificavam a ruptura do Pacto Colonial. Em palavras candentes e profundamente subversivas para a época, afirmavam a igualdade dos homens e apregoavam como seus direitos inalienáveis: o direito à vida, à liberdade e à busca da felicidade. Afirmavam que o poder dos governantes, aos quais cabia a defesa daqueles direitos, derivava dos governados. Portanto, cabia a estes derrubar o governante quando ele deixasse de cumprir sua função de defensor dos direitos e resvalasse para o despotismo.

Esses conceitos revolucionários que ecoavam o Iluminismo foram retomados com maior vigor e amplitude treze anos mais tarde, em 1789, na França. Se a Declaração de Independência das colônias americanas ameaçava o sistema colonial, a Revolução Francesa viria pôr em questão todo o Antigo Regime, a ordem social que o amparava, os privilégios da aristocracia, o sistema de monopólios, o absolutismo real, o poder divino dos reis.

Não por acaso, a Declaração dos Direitos do Homem e do Cidadão, aprovada pela Assembleia Nacional da França, foi redigida pelo marquês de La Fayette, francês que participara das lutas pela independência das colônias americanas. Este contara com a colaboração de Thomas Jefferson, que se encontrava na

França, na ocasião como enviado do governo americano. A Declaração afirmava a igualdade dos homens perante a lei. Definia como seus direitos inalienáveis a liberdade, a propriedade, a segurança e a resistência à opressão, sendo a preservação desses direitos o objetivo de toda associação política. Estabelecia que ninguém poderia ser privado de sua propriedade, exceto em casos de evidente necessidade pública legalmente comprovada, e desde que fosse prévia e justamente indenizado. Afirmava ainda a soberania da nação e a supremacia da lei. Esta era definida como expressão da vontade geral e deveria ser igual para todos. Garantia a liberdade de expressão, de ideias e de religião, ficando o indivíduo responsável pelos abusos dessa liberdade, de acordo com a lei. Estabelecia um imposto aplicável a todos, proporcionalmente aos meios de cada um. Conferia aos cidadãos o direito de, pessoalmente ou por intermédio de seus representantes, participar na elaboração dos orçamentos, ficando os agentes públicos obrigados a prestar contas de sua administração. Afirmava ainda a separação dos poderes.

Essas declarações, que definem bem a extensão e os limites do pensamento liberal, reverberaram em várias partes da Europa e da América, derrubando regimes monárquicos absolutistas, implantando sistemas liberal-democráticos de vários matizes, estabelecendo a igualdade de todos perante a lei, adotando a divisão dos poderes (legislativo, executivo e judiciário), forjando nacionalidades e contribuindo para a emancipação dos escravos e a independência das colônias latino-americanas.

O desenvolvimento da indústria e do comércio, a revolução nos meios de transportes, os progressos tecnológicos, o processo de urbanização, a formação de uma nova classe social – o proletariado – e a expansão imperialista dos países europeus na África e na Ásia geravam deslocamentos, conflitos sociais e guerras em várias partes do mundo. Por toda a parte os grupos excluídos defrontavam-se com novas oligarquias que não atendiam às suas necessidades e não respondiam aos seus anseios. Estes extravasavam em lutas visando tornar mais efetiva a promessa democrática que a acumulação de riquezas e poder nas mãos de alguns, em detrimento da grande maioria, demonstrara ser cada vez mais fictícia.

A igualdade jurídica não encontrava correspondência na prática; a liberdade sem a igualdade transformava-se em mito; os governos representativos representavam apenas uma minoria, pois a grande maioria do povo não tinha representação de fato. Um após outro, os ideais presentes na Declaração dos Direitos do Homem foram revelando seu caráter ilusório. A resposta não se fez tardar.

Ideias socialistas, anarquistas, sindicalistas, comunistas, ou simplesmente reformistas apareceram como críticas ao mundo criado pelo capitalismo e pela liberal-democracia. As primeiras denúncias ao novo sistema surgiram contemporaneamente à Revolução Francesa. Nessa época, as críticas ficaram restritas a uns poucos revolucionários mais radicais, como Gracchus Babeuf. No decorrer da primeira metade do século XIX, condenações da ordem social e política criada a partir da Restauração dos Bourbon na França fizeram-se ouvir nas obras dos chamados socialistas utópicos como Charles Fourier (1772-1837), o conde de Saint-Simon (1760-1825), Pierre Joseph Proudhon (1809-1865), o abade Lamennais (1782-1854), Étienne Cabet (1788-1856), Louis Blanc (1812-1882), entre outros. Na Inglaterra, Karl Marx (1818-1883) e seu companheiro Friedrich Engels (1820-1895) lançavam-se na crítica sistemática ao capitalismo e à democracia burguesa, e viam na luta de classes o motor da história e, no proletariado, a força capaz de promover a revolução social. Em 1848, vinha à luz o *Manifesto comunista*, conclamando os proletários do mundo a se unirem.

Em 1864, criava-se a Primeira Internacional dos Trabalhadores. Três anos mais tarde, Marx publicava o primeiro volume de *O capital*. Enquanto isso, sindicalistas, reformistas e cooperativistas de toda espécie, como Robert Owen, tentavam humanizar o capitalismo. Na França, o contingente de radicais aumentara bastante, e propostas radicais começaram a mobilizar um maior número de pessoas entre as populações urbanas. Os socialistas, derrotados em 1848, vieram a assumir a liderança por um breve período na Comuna de Paris, em 1871, quando foram novamente vencidos. Apesar de suas derrotas e múltiplas divergências entre os militantes, o socialismo foi ganhando adeptos em várias partes do mundo. Em 1873, dissolvia-se a Primeira Internacional. Marx veio a falecer dez anos mais tarde, mas sua obra continuou a exercer poderosa influência. O segundo volume de *O capital* saiu em 1885, dois anos após sua morte, e o terceiro, em 1894. Uma nova Internacional foi fundada em 1889. O movimento em favor de uma mudança radical ganhava um número cada vez maior de participantes, em várias partes do mundo, culminando na Revolução Russa de 1917, que deu início a uma nova era.

No início do século XX, o ciclo das revoluções liberais parecia definitivamente encerrado. O processo revolucionário, agora sob inspiração de socialistas e comunistas, transcendia as fronteiras da Europa e da América para assumir caráter mais universal. Na África, na Ásia, na Europa e na América, o caminho seguido pela União Soviética alarmou alguns e serviu de inspiração a outros, provocando debates e confrontos internos e externos que marcaram a história do século XX, envolvendo a todos. A Revolução Chinesa, em 1949, e a Cubana, dez anos mais tarde, ampliaram o bloco socialista e forneceram novos modelos para revolucionários em várias partes do mundo.

Desde então, milhares de pessoas pereceram nos conflitos entre o mundo capitalista e o mundo socialista. Em ambos os lados, a historiografia foi profundamente afetada pelas paixões políticas, suscitadas pela guerra fria, e deturpada pela propaganda. Agora, com o fim da guerra fria, o desaparecimento da União Soviética e a participação da China em instituições até recentemente controladas pelos países capitalistas, talvez seja possível dar início a uma reavaliação mais serena desses acontecimentos.

Esperamos que a leitura dos livros desta coleção seja, para os leitores, o primeiro passo numa longa caminhada em busca de um futuro, em que liberdade e igualdade sejam compatíveis e a democracia seja a sua expressão.

Emília Viotti da Costa

Para Julia e Jane

SUMÁRIO

Apresentação *15*

1. A emergência do
processo revolucionário *21*

2. Cuba – Estados Unidos:
de Monroe a Reagan *41*

3. A construção do socialismo *59*

4. A guerra fria contra Cuba:
uma história sem fim? *93*

5. Cuba e a revolução:
o legado do século XX *107*

Bibliografia *127*

APRESENTAÇÃO

Nos anos 50, os países da América Latina e do Caribe começam a sofrer os efeitos das transformações que se operam na economia internacional após a superação da crise do pós-Segunda Guerra Mundial.

No final da década de 1940, o capitalismo inicia uma fase de crescimento inédita. Entre 1948 e 1971, a indústria e o comércio mundiais se expandem a taxas médias de 5,6% e 7,3%, respectivamente. Com a recuperação das economias europeias, diminuem as compras de produtos primários, bastante elevadas no decorrer da guerra e nos anos da reconstrução, que representavam para os países latino-americanos uma importante fonte de divisas. Ao mesmo tempo, estabelece-se uma forte competição internacional por mercados para as exportações. As periferias capitalistas tornam-se alvo de crescente interesse, seja como consumidores de produtos seja como receptores de investimentos para a instalação de filiais de empresas multinacionais.

Essa nova realidade internacional trará sérias implicações para os países da América Latina que tinham iniciado um processo de industrialização voltado para o mercado interno, cuja continuidade, dentro da perspectiva de atender às prioridades nacionais, estará cada vez mais limitada pelas pressões externas em favor da abertura das economias à penetração do capital estrangeiro. Isso terá desdobramentos nos debates intelectuais e políticos sobre as possibilidades de desenvolvimento da região no novo cenário.

No âmbito dos setores favoráveis ao capitalismo, três projetos socioeconômicos se apresentam como alternativa: o nacional-populista, que advoga em favor da continuidade das estratégias de desenvolvimento que atribuem à industrialização o eixo dinâmico e ao Estado o papel de protagonista principal na orientação dos rumos da economia; o desenvolvimentista, preocupado com o fortalecimento do capitalismo industrial apoiado nos setores de infraestrutura e bens de consumo duráveis, contando com o capital estrangeiro como sócio; o projeto liberal, crítico da ideia de que a base do crescimento da economia está necessariamente no desenvolvimento industrial, opondo-se ao intervencionismo estatal e propondo a abertura do mercado e a participação no comércio internacional com base nas vantagens comparativas presentes em cada país.

Nesse contexto de mudanças nas relações econômicas internacionais, num cenário de crescentes pressões por parte dos Estados Unidos em favor do alinhamento latino-americano com sua política externa de combate ao comunismo, e de profundas divisões internas sobre o modelo de desenvolvimento a ser implementado, a região passará a viver uma conjuntura política conturbada, marcada por um acirramento de antagonismos que afetará a estabilidade dos regimes constitucionais.

Os golpes militares que interromperam os governos de Perón, na Argentina, em 1955, João Goulart no Brasil e Paz Estenssoro na Bolívia em 1964, junto com as intervenções dos Estados Unidos na Guatemala em 1954 e na República Dominicana em 1965, desencadeiam na esquerda latino-americana um profundo debate sobre as possíveis saídas para a região.

Entre as questões apresentadas, quatro se destacam: a) a crise dos governos que promoveram políticas econômicas de proteção do mercado interno e desenvolvimento da indústria nacional, num contexto de aumento da presença do capital estrangeiro, sinalizaria para a inviabilidade do capitalismo autônomo na região? b) a não realização de mudanças estruturais, como a reforma agrária, a estreiteza do mercado interno, a alta concentração de renda, tornaria pouco interessante para os países centrais o desenvolvimento da América Latina? c) as burguesias nacionais deveriam ser vistas como forças potencialmente anti-imperialistas? d) o apoio do governo dos Estados Unidos aos regimes militares significaria uma opção declarada pela redução da América Latina à condição de produtor de matérias--primas e fornecedor de mão de obra barata, limitando as alternativas a uma opção entre a subordinação ao imperialismo ou a revolução socialista?

Animados pela Revolução Cubana, tomada como exemplo de sucesso em termos de estratégia política centrada na luta armada, amplos setores da esquerda latino-americana tomaram como caminho essa última opção. Entre outras coisas, Cuba demonstrava de forma inequívoca que um pequeno grupo de guerrilheiros de firmes convicções poderia derrotar as forças repressivas de um governo antipopular, que a conquista do poder estatal desencadearia um dinâmico processo de transição socialista, com a rápida "expropriação dos expropriadores", e que, mesmo com a oposição e o boicote sistemático do governo da nação mais poderosa da Terra, a revolução se consolidaria com base em seu fortalecimento interno e na solidariedade das forças progressistas do mundo e dos países socialistas. Essa última perspectiva foi sendo paulatinamente reforçada pelos sucessos alcançados pela resistência vietnamita na guerra com os Estados Unidos.

Tomadas como experiências emblemáticas das novas tendências que marcam o anti-imperialismo nos países do chamado Terceiro Mundo, Cuba e Vietnã destacaram-se como comprovação de que o momento é propício como nunca para a radicalização de posições.

A opção pela violência revolucionária não era consensual na esquerda latino-americana. Entre os críticos, destacam-se os partidos comunistas vinculados à União Soviética, que viam a experiência de Cuba como expressão de uma realidade nacional específica. Da mesma forma, no caso da luta do povo vietnamita, consideravam que a intervenção norte-americana não deixava alternativa fora da resistência armada.

Neste livro, a abordagem do processo histórico cubano tomará como referência o contexto vivenciado pelos atores da revolução, considerando suas opções e decisões à luz dos dilemas apresentados pela realidade de uma época marcada por fortes constrangimentos externos originários da guerra fria entre os Estados Unidos e a União Soviética. Será essa também a base da reflexão sobre os desafios que atualmente estão colocados para a continuidade do processo iniciado nos anos 50.

Três visões correntes sobre a Revolução Cubana nos interessam particularmente, tanto por sua ampla difusão entre as opiniões que se vertem sobre esse processo como por sua forte carga de mecanicismo e escassa perspectiva histórica.

Em primeiro lugar, atribui-se grande destaque aos impasses gerados pelo alto grau de subdesenvolvimento do país, como fator "objetivo" determinante da radicalização política e social que favorece o triunfo da revolução. Justamente, este seria o principal elemento aplicável aos demais países da América Latina, fortalecendo a hipótese de que a ação de um pequeno grupo organizado conseguiria desencadear a mobilização dos setores oprimidos pelo sistema nos demais países. Essa visão tende a colocar os fatores "subjetivos" como mera decorrência de uma situação concreta de opressão já dada, mas não percebida, cabendo à vanguarda revolucionária fazê-la emergir. Nesse aspecto, nossa análise buscará relevar os vínculos entre o desenvolvimento socioeconômico da Cuba pré-revolucionária comparativamente a outros países da região, as mudanças políticas geradas pelo golpe militar de Fulgencio Batista em 1952 e a percepção dos setores que desencadearam a oposição armada em relação às alternativas colocadas para o país. Nosso objetivo é ilustrar a dinâmica entre fatores "objetivos" e "subjetivos" que favorecem o processo vivenciado por Cuba, tanto na sua especificidade como na aplicação a outras situações nacionais.

Em segundo lugar, discutiremos as análises que consideram o alinhamento de Cuba com a União Soviética e a adoção de um modelo político e econômico similar, uma consequência inevitável da política intervencionista norte-americana. Neste caso, buscaremos situar historicamente as relações Cuba-Estados Unidos, antes da revolução, e depois dela, abordando as decisões de alinhamento com os países do campo socialista, tendo como base as opções dispostas por um momento internacional bastante peculiar. O objetivo é desmistificar a ideia de que a Revolução Cubana representou basicamente uma mudança de vassalagem entre dois impérios.

Por fim, vamos pôr em discussão a afirmação corrente de que o fim da URSS implica para Cuba, como decorrência inevitável, a adoção da democracia liberal e a economia de mercado. Essa visão tende a apresentar toda revolução anticapitalista do século XX como um desvio de rota em relação ao chamado "modo de vida ocidental", assumido como ponto de convergência da história universal. Da mesma forma que em outros países, capitalistas ou não, que enfrentam desafios colocados pelas profundas mudanças que afetam o mundo nas últimas décadas, o governo e a sociedade cubana se preparam para fortalecer e resguardar espaços autônomos de decisão, para que possam se tornar atores e não vítimas da globalização.

A abordagem das questões apresentadas anteriormente estará presente nos cinco capítulos que compõem este livro. O primeiro analisa o processo histórico que levou à ascensão do novo poder após a derrubada de Batista. O segundo capítulo concentra a atenção nas relações entre Cuba e Estados Unidos, mostrando as continuidades e mudanças em diversos momentos históricos, começando com a Doutrina Monroe de 1823 e concluindo com o fim da guerra fria. O capítulo seguinte aborda diversas dimensões do processo de construção do socialismo, com ênfase nas mudanças na política externa e na política econômica até os dias atuais, as transformações institucionais a partir da Constituição de 1976 e as reformas de 1992 e 2002. O quarto capítulo se detém nas relações com os Estados Unidos após o fim da União Soviética, centrando a atenção nos períodos presidenciais de Bill Clinton e George W. Bush. O último capítulo analisa alguns dos principais temas das controvérsias suscitadas pela experiência cubana.

Na seleção de fontes para a elaboração do livro, buscamos combinar o acesso a informações detalhadas sobre a Revolução Cubana, às posições dos principais atores envolvidos e a interpretações divergentes sobre o caminho empreendido pelo país a partir de 1959. As seções que abordam as relações Cuba-Estados Unidos retomam, numa versão atualizada e ampliada, análises apresentadas em *Estados Unidos e a América Latina: a construção da hegemonia* (2002) e *O Ocidente e o "resto"; a América Latina e o Caribe na cultura do Império* (2003).

1. A EMERGÊNCIA DO PROCESSO REVOLUCIONÁRIO

A revolução de 1959 tem profundas raízes na trajetória histórica nacional, com antecedentes que remontam ao período independentista. Cuba foi a última colônia da América Latina a libertar-se da Espanha, em 1898, num processo que se alongou por um período de trinta anos, em que tiveram lugar duas guerras de independência.

A primeira, iniciada em 10 de outubro de 1868, teve como principal liderança o advogado e proprietário de engenhos Carlos Manuel de Céspedes, que morre em plena guerra, no ano de 1874. O conflito termina em 1878, após a derrota dos setores mais radicais, comandados pelo general negro Antonio Maceo, cuja luta associava a libertação da Espanha com a abolição da escravidão, forma de trabalho predominante na principal atividade econômica do país, a produção de açúcar.

A emancipação dos escravos não estava presente nas demandas dos setores mais moderados do movimento, que expressava a heterogeneidade de uma sociedade cubana "atravessada de tensões", conforme as palavras de Halperin Donghi (1992, p.286):

> a revolução não queria definir-se ante suas causas; a cautela com que encarou o problema da escravidão (não se atreveu nem sequer, como haviam feito frequentemente os revolucionários no continente hispano-americano, a emancipar os negros para que estes tomassem as armas em seu apoio) é uma amostra dessa atitude.

A abolição da escravidão se dará em 1880, como parte de um processo que envolve pressões políticas externas, oriundas da resistência da Inglaterra ao tráfico de escravos, pressões econômicas, dado o crescente interesse de investidores norte-americanos em adquirir terras e controlar o mercado exportador do país, e a situação precária dos grandes proprietários nacionais, afetados pela devastação causada pela guerra de independência, que buscam recompor posições modernizando processos produtivos e aumentando a competitividade para fazer frente ao capital externo e ao mercado mundial.

Nos Estados Unidos, o fim da guerra civil, em 1865, representou o início de um processo de grande expansão econômica. Ao final do século XIX, o país já ultrapassava em desenvolvimento industrial a Inglaterra e Alemanha, com uma economia altamente concentrada e de grande potencial de competição no mercado internacional. Entre 1888 e 1905, tinham sido efetuadas 328 fusões de empresas, que em 1904 passam a controlar dois quintos da indústria nacional (Robertson, 1967).

Como parte desse processo há um crescente interesse pelo controle do acesso a máterias-primas e mercados na região do Caribe, que, no caso de Cuba, implicará importantes mudanças na sua inserção internacional, já que seu *status* de colônia espanhola passa a incorporar novas relações de dependência econômica com os Estados Unidos. Os interesses comerciais norte-americanos estavam presentes no açúcar, minério de ferro, manganês, tabaco e nas ferrovias (Cockcroft, 2001).

As características monopólicas da economia norte-americana se manifestam também na estrutura da propriedade cubana, levando a um processo de concentração no controle de terras, centrais açucareiras e engenhos, ao qual se subordina uma crescente maioria de "colonos", composta por pequenos agricultores e trabalhadores rurais.

A crescente dependência dos Estados Unidos terá consequência direta no desfecho da segunda guerra de Independência. Em sua gestação e batalhas principais, a iniciativa esteve sempre sob a liderança dos cubanos, mas foi a participação norte-americana no conflito que determinou seu resultado.

Em 11 de abril de 1895, desembarca em Cuba, vindo de Santo Domingo, uma expedição sob o comando de Máximo Gómez, na qual também participa José Martí, advogado, escritor, jornalista e grande ideólogo do movimento, desencadeando um processo que mobilizou amplos setores populares. Ao longo do conflito, morrem aproximadamente quatrocentos mil cubanos e oitenta mil espanhóis, o que dá uma dimensão dos seus alcances (Wolf, 1984). Entre as primeiras baixas em combate, está Martí, que perde a vida em 19 de maio de 1895, na batalha de Dois Rios, aos 42 anos.

Os combatentes nacionais conseguem colocar o exército espanhol em retirada, ocupando boa parte das áreas rurais do país. Isso se deveu principalmente à ação das forças guerrilheiras comandadas por Antonio Maceo, que enfrentaram o contingente principal do exército espanhol, que tinha mobilizado duzentos mil soldados. Maceo morre em combate em 7 de dezembro de 1896.

Num momento em que a vitória das forças independentistas está próxima de concretizar-se, o governo norte-americano decide entrar no conflito. O incidente que desencadeou a intervenção foi o afundamento do navio de guerra *Maine*, em 15 de fevereiro de 1898, como decorrência de uma explosão que matou 260 marinheiros. O barco, ancorado no porto de Havana, tinha sido enviado pelo presidente McKinley, do Partido Republicano, como medida de precaução ante a radicalização que tomava conta dos confrontos entre espanhóis e cubanos. Após uma investigação sobre as causas da explosão, concluiu-se que esta, provavelmente, ocorreu por causa de uma mina submarina. Os mergulhadores responsáveis pelo exame dos destroços do barco relataram à Comissão de Inquérito a impossibilidade de inspecionar o buraco no casco em razão da profundidade da lama existente nas águas do porto. Mesmo sem uma confirmação conclusiva, o governo adotou como válida a hipótese de um ato de sabotagem, declarando guerra à Espanha. Segundo Lars Schoultz (2000, p.163):

> Na época, nenhum relatório foi enunciado para contradizer a opinião da Marinha em 1898, e para se assegurar de que os Democratas não tivessem acesso a nenhuma outra prova, em março de 1913 a Marinha rebocou o que restava do navio

para águas profundas a quatro milhas da costa cubana e afundou-o. Anos mais tarde, o legendário e independente Almirante Hyman Rickover preparou um estudo elaborado usando fotografias detalhadas e outros dados obtidos em 1912 e 1913. Ele concluiu que "com toda probabilidade, o *Maine* foi destruído por um acidente que ocorreu dentro do navio ... O que aconteceu? Provavelmente um incêndio no bunker A-16." "Não há provas de que uma mina tenha destruído o *Maine*."

A guerra dura poucos meses. Em 12 de agosto, a Espanha assina um armistício com os Estados Unidos em Washington e em 10 de dezembro um tratado de paz em Paris, em que reconhece a independência de Cuba, transfere aos Estados Unidos a posse de Porto Rico e Guam, e o controle das Filipinas em troca do pagamento de vinte milhões de dólares.

Mesmo tendo como grande tema da agenda o destino de Cuba, o governo dos Estados Unidos proíbe a participação dos líderes cubanos nas negociações. O país passa a ser ocupado por tropas norte-americanas, e se estabelece um governo provisório encabeçado pelo general John R. Brooke, que permanece no poder até 20 de maio de 1902, quando toma posse o primeiro presidente eleito do país, Tomás Estrada Palma, do Partido Revolucionário Cubano (PRC), fundado por José Martí em 1892.

As tropas norte-americanas abandonam Cuba em 1903, um ano após terem imposto a emenda Platt, que estabelece bases permanentes para as relações bilaterais:

> Que o governo de Cuba permita que os Estados Unidos exerça o direito de intervir no sentido de preservar a independência cubana, manter a formação de um governo adequado para a proteção da vida, a propriedade, a liberdade individual.
>
> Que, a fim de auxiliar os Estados Unidos a sustentar a independência cubana, e para proteger a população dali, tão bem como para a sua própria defesa, o governo de Cuba deverá vender ou alugar terras aos Estados Unidos, necessárias para extração de carvão para linhas férreas ou bases navais em certos locais especificados de acordo com o Presidente dos Estados Unidos. (Morris, 1956, p.182-3)

A presença norte-americana introduz no processo de independência de Cuba elementos diferenciados em relação aos demais movimentos latino-americanos. O tratamento da questão nacional envolve realidades próprias de uma forma de colonialismo em retração e de um novo imperialismo emergente que combina a expansão econômica de interesses privados nacionais com uma política externa intervencionista.

José Martí (1975) soube captar bem o novo momento, antecipando-se aos futuros desafios que tanto Cuba como a América Latina teriam que enfrentar nas suas relações com a potência ao norte do hemisfério. Em artigo publicado na *Revista Ilustrada*, editada em Nova York, no qual comenta a proposta dos Estados Unidos de criação de uma união monetária internacional, apresentada na Conferência Internacional Americana de abril de 1890, recomenda cautela aos países latino-americanos, traçando um perfil bastante negativo do país anfitrião da conferência:

> [Os Estados Unidos] acreditam na necessidade, no direito bárbaro, como único direito: "isto será nosso, porque dele necessitamos". Acreditam na superioridade incontrastável da "raça anglo-saxônica contra a raça latina". Acreditam na baixeza da raça negra, que escravizaram ontem e humilham hoje, e da indígena, que exterminam. Acreditam que os povos hispano-americanos são formados, principalmente, de índios e de negros. Enquanto os Estados Unidos não saibam mais de hispano-américa e a respeitem mais ... podem os Estados Unidos convidar a hispano-américa a uma união sincera e útil para hispano-américa? Convém à hispano-américa a união política e econômica com os Estados Unidos? (Martí, 1975, p.155)

Martí não chegou a ver a independência de Cuba, mas certamente acompanharia a convicção da maioria dos líderes revolucionários de que a atuação norte-americana frustrou as expectativas de liberdade e soberania que alimentaram o movimento desde o início. A desilusão com o desfecho será fator essencial na formação de uma singular consciência nacionalista, que passa a reivindicar uma terceira guerra emancipatória, desta vez contra os Estados Unidos.

Conforme analisaremos na próxima seção, o processo revolucionário que derruba o regime de Fulgencio Batista retoma a trajetória dos movimentos do século XIX, vinculando a libertação nacional e social aos desafios da guerra fria: a luta contra uma ditadura que favorece os interesses norte-americanos, na direção de uma sociedade mais justa e igualitária.

A CONQUISTA DO PODER

O golpe militar liderado por Fulgencio Batista em 10 de março de 1952 interrompeu um período de oito anos de frágil democracia no país, com as presidências de Grau San Martin (1944-1948) e Prío Socarrás (1948-1952). Dessa forma, fechou-se o caminho da política institucional para inúmeras lideranças que apostavam na legitimidade do sistema como premissa para o encaminhamento das mudanças socioeconômicas de que o país necessitava. Entre essas lideranças, destacava-se Fidel Castro, candidato a deputado pelo Partido Ortodoxo às eleições de 1º de junho, anuladas por Batista. As palavras de Fidel Castro (1986, p.81-2) ilustram bem a interpretação dos fatos:

> Era uma vez uma República. Tinha uma Constituição, suas leis, suas liberdades; possuía presidente, congresso, tribunais; todo mundo podia reunir-se, associar-se, falar e escrever com inteira liberdade. O governo não satisfazia o povo, mas o povo podia substituí-lo e só faltavam alguns dias para fazê-lo. Existia uma opinião pública, respeitada e acatada, e todos os problemas de interesse coletivo eram discutidos livremente. Havia partidos políticos, horas de doutrinação pelo rádio, programas polêmicos de televisão, atos públicos, e o povo palpitava de entusiasmo ... Pobre povo! Certa manhã, a população despertou estarrecida ... Não. Não era um pesadelo. Tratava-se da triste e terrível realidade: um homem chamado Fulgencio Batista acabava de cometer o terrível crime que ninguém esperava.

O Partido do Povo Cubano (Ortodoxo) foi criado em 1947, a partir da ruptura de setores do Partido Revolucionário

Cubano (PRC, Autêntico), governista, que denunciaram o caráter corrupto da administração de Grau San Martin e passaram a pautar sua ação pela busca de uma renovação ética na política nacional, sob a bandeira "Prometemos não roubar", angariando crescente apoio do movimento estudantil. Seu favoritismo para vencer as eleições foi a principal motivação do golpe de Estado de 1952, que recebeu o apoio do governo dos Estados Unidos.

Batista retorna ao poder pela segunda vez, mas como expressão de um movimento político bem diferente. Na primeira vez, sua figura veio associada à luta oposicionista contra a ditadura de Machado, que governou o país entre 1925 e 1933, e foi catalisadora de um rico processo de organização política da sociedade cubana. As mais importantes lideranças surgiram do movimento estudantil, destacando-se Julio Antonio Mella, um dos fundadores do Partido Comunista, assassinado pela ditadura em 1929, e Antonio Guiteras Holmes, principal responsável pela criação do Diretório Estudantil Universitário, no qual iniciaram sua militância destacadas figuras da política do país, como o futuro presidente Prío Socarrás e o fundador do Partido Ortodoxo, Eduardo Chibás.

A luta antiditatorial se radicaliza, gerando um forte movimento de massas, com amplo apoio dos partidos políticos, que culmina com a derrubada de Machado em agosto de 1933. Esse movimento também atingiu o Exército, em cujo interior surge o "movimento dos sargentos", que se insurge contra o governo provisório de Manuel de Céspedes, formando um novo governo, em conjunto com o Diretório Estudantil Universitário, sob a presidência de Ramón Grau San Martin. É no interior do movimento de sargentos que começa a ganhar destaque a figura de Fulgencio Batista.

Sua influência política torna-se crescente após a saída de San Martin, que abandona a presidência em 1934. Totalmente isolado politicamente, criticado tanto por conservadores vinculados ao machadismo como pelo Diretório e o Partido Comunista, é substituído pelo coronel Carlos Mendieta, cujo período de governo foi caracterizado como "batistiano sem Batista"

(Mires, 2001). A partir de 1940, e até 1944, Batista assume a presidência.

Apesar do caráter autoritário, seu regime não foi considerado como uma mera continuidade do machadismo. Como bem destaca Fernando Mires (2001, p.291): "o próprio Batista era um produto da revolução popular de 1933, e para muitos setores políticos de esquerda parecia ser seu continuador, embora em condições de maior 'ordem e segurança'". A esses fatores, o autor acrescenta a origem operária de Batista e da maioria dos seus oficiais, assim como a aceitação de negros e mulatos em suas fileiras.

Seu governo contou, no início, com o apoio de setores vinculados a Grau San Martin e ao Diretório Estudantil, mas o respaldo aos militares dura pouco; em 1935, surgem vários movimentos grevistas no campo e nas cidades. Os partidários de San Martin, reunidos no Partido Revolucionário Cubano, assumem uma posição destacada entre a oposição, clamando por um governo constitucional. Paradoxalmente, Batista obtém o apoio do Partido Comunista, que a partir de 1938, seguindo as orientações da III Internacional, caracteriza a posição do seu governo em favor dos aliados como um claro sinal de antifascismo. Isso leva os comunistas a participarem da sua administração com dois ministérios. No entanto, esses pequenos ganhos de curto prazo trazem um forte desgaste político, que tomará corpo na escassa votação do partido nas eleições constituintes de 1939, que dão à oposição comandada pelo PRC a maioria das cadeiras. Batista continua como presidente até 1944; impedido pela Constituição de candidatar-se a um novo mandato, é sucedido por Grau San Martin, eleito com 55% dos votos.

No seu retorno como ditador, na década de 1950, Batista será o principal fator detonante de um movimento oposicionista cujos desdobramentos inaugurarão uma nova fase da história política latino-americana.

A frustração das expectativas dos setores que apostavam na vitória eleitoral de junho de 1952 deu lugar rapidamente à organização de movimentos de resistência, que passam a colocar a luta armada como principal método de ação política. Da mesma forma que no período de Machado, os atores de vanguarda virão da universidade, que faz as primeiras manifestações contra o golpe e se torna a fonte principal da formação de organizações clandestinas, abarcando um amplo espectro de posições, desde os adeptos do presidente deposto, Prío Socarrás, até os militantes do Partido Ortodoxo, em que começa a destacar-se a figura do jovem advogado Fidel Castro.

Fidel nasceu em 13 de agosto de 1923, em Birán, província de Oriente, e seu pai era um rico fazendeiro. Educado em colégios jesuítas, em 1945 ingressa na faculdade de Direito da Universidade de Havana. Dois anos depois, envolve-se num movimento para derrubar o ditador Trujillo, da República Dominicana, fato que não chega a concretizar-se. O grupo insurgente é atacado e derrotado antes de desembarcar no país. Em 1948, participa como delegado estudantil num congresso em Bogotá, no momento em que se desencadeia o chamado "bogotazo", violenta reação popular contra o assassinato do líder do Partido Liberal, Jorge Eliecer Gaitán. Em 1950, obtém o título de advogado e, em 1952, assume uma das candidaturas a deputado pelo Partido Ortodoxo. A frustração e o desconserto provocados pelo golpe de Estado dão lugar à forte convicção de que o retorno da normalidade democrática passa necessariamente pela derrubada do regime de Batista. Reunindo um grupo de jovens em torno desse objetivo, planeja a primeira ação revolucionária: o assalto aos quartéis de Moncada e Bayamo, na província de Oriente.

Com a tomada dos dois quartéis, pretendia-se convocar uma greve geral, desencadeando um processo insurrecional contra o regime que contaria com movimentos de massa e a deserção de soldados. Caso fracassasse a ação insurrecional, proceder-se-ia a um recuo para as montanhas para organizar uma guerra de guerrilhas. Em 1953, o movimento antiditatorial que se organizava em torno dos jovens liderados por Fidel Castro atingia um número expressivo de militantes e simpatizantes, chegando a 1.200, dos quais foram selecionados 165 para participar do assalto aos quartéis. O grupo que atacaria o Moncada, de 135 homens, tinha a seguinte composição social:

> Quarenta e quatro eram operários (estivadores, pedreiros, caminhoneiros) ou aprendizes; 33 eram empregados administrativos, incluindo os garçons; havia 13 estudantes, 11 agricultores, quatro profissionais liberais, seis do pequeno comércio ... dez trabalhadores autônomos e caixeiros-viajantes, um taxista, um professor e um soldado. (Furiati, 2003, p. 190)

A ação não teve sucesso. O confronto armado se deu antes do planejado, precipitado pelo aparecimento inesperado de uma patrulha do Exército que vinha na direção dos carros que se postavam diante do quartel e que aguardavam a abertura das portas por parte do grupo responsável por dominar os guardas. Um dos combatentes abriu fogo contra um soldado que apareceu numa janela e desencadeou o tiroteio num momento em que o grupo de ataque se encontrava em posições vulneráveis ao alcance do fogo inimigo. O número de baixas entre os insurgentes chegou a noventa, a maioria assassinada após o combate. As principais lideranças, entre elas Fidel Castro e seu irmão, Raul, foram encarceradas.

Condenado a vários anos de detenção, em 16 de outubro pronuncia sua defesa por meio do documento *A história me absolverá* (Castro, 1986), no qual expõe detalhadamente os objetivos da ação insurrecional, considerada como legítimo direito garantido pela Constituição de 1940 contra a usurpação do poder por um governo ilegítimo. O documento também apresenta o programa de transformações políticas, sociais e econômicas que orientariam o governo posterior à derrubada de Batista.

Quanto aos alvos da luta revolucionária, o texto deixa claro que o ataque a instalações do Exército não significava um ato contra os soldados, cujo respeito faz questão de explicitar, destacando seu papel histórico nos movimentos antiditatoriais desde os anos do combate à ditadura de Machado. Os soldados fazem parte do povo, categoria utilizada por Fidel Castro para delimitar o campo dos opressores e oprimidos, em que inclui seiscentos mil desempregados, quinhentos mil operários rurais ocupados apenas durante quatro meses do ano, quatrocentos mil trabalhadores industriais e braçais, cem mil pequenos agricultores, trinta mil professores dos diversos níveis de ensino, vinte mil pequenos comerciantes, dez mil jovens profissionais de nível universitário (Castro, 1986).

Para transformar a situação dos setores populares, o programa de Moncada propunha um conjunto de cinco leis revolucionárias. A primeira reconhecia a Constituição de 1940 como lei fundamental do Estado. A segunda lei atribuía terras a camponeses que ocupassem pequenas parcelas, até um total de cinco *caballerías* (13.430 metros quadrados). A terceira dava o direito aos trabalhadores assalariados de participar em 30% dos lucros das grandes empresas industriais, extrativas e comerciais. A quarta concedia a todos os colonos 55% de participação nos lucros da cana-de-açúcar e uma cota mínima de quarenta mil arrobas àqueles que estivessem estabelecidos por um mínimo de três anos. A quinta lei confiscava todos os bens obtidos a partir da malversação dos recursos públicos, atingindo todos os governos.

Após a proclamação dessas leis, passar-se-ia a uma segunda etapa de medidas vinculadas à reforma agrária, do sistema educacional e nacionalizações de empresas que prestam serviços públicos na área de telefonia e eletricidade. Dessa forma, o programa da revolução buscava atacar os problemas da ausência de liberdade e de democracia, da terra e das condições de vida precárias da maioria da população, melhorando o acesso à moradia, o emprego, a educação e a saúde. Num país eminentemente agrícola, propunha melhorar o desempenho econômico do campo por meio de mudanças na estrutura da propriedade, que, além do alto grau de concentração, favorecia um alto nível de desocupação entre os trabalhadores rurais. Mesmo quando se obtinham boas safras de açúcar, como em 1957, que chegou a 5,5 milhões de toneladas, quase um terço dos trabalhadores agrícolas ficou ocupado durante apenas 100 dias (Mires, 2001).

O documento preocupava-se também com a precariedade da estrutura industrial e a dependência da exportação de açúcar para obter os produtos importados necessários ao consumo interno.

> Salvo umas quantas indústrias alimentícias, madeireiras e têxteis, Cuba continua como uma feitoria produtora de matéria--prima. Exporta-se açúcar para importar caramelos, exporta-se couro para importar sapatos, exporta-se ferro para importar arados ... Todo o mundo concorda que é urgente industrializar o país. (Castro, 1986, p.48)

Até 1930, Cuba abastecia 59% do mercado de açúcar dos Estados Unidos, que contribuíam, por sua vez, com 54% das importações cubanas. Em 1959, a participação de Cuba nesse mercado tinha caído para 33%, e as importações originárias dos Estados Unidos representavam 75% do total (Morales Dominguez & Pons Duarte, 1987).

Os dados da Tabela 1 mostram alguns indicadores da situação social da Cuba pré-revolucionária:

Tabela 1 – Porcentagens de emprego e de alfabetização em Cuba dos anos 50

	Urbana	Rural	Nacional	
	1953	1953	1953	1956-1957
População	57	43	100	100
Desempregados	9,7	6,6	8,4	16,4
Subempregados	17,1	16,5	16,9	13,8
Empregados	71	64,3	68,4	65,3
Analfabetismo	11,6	41,7	23,6	–

Fonte: Marifeli (1999, tabelas 1.1 e 1.2), com base em relatórios do governo cubano da época.

O programa apresentado em *A história me absolverá* (Castro, 1986) denuncia as condições de pobreza e subdesenvolvimento de um país desigual, que, paradoxalmente, apresentava alguns indicadores econômicos equivalentes aos dos vizinhos latino-americanos mais desenvolvidos e, em alguns casos, dos países do capitalismo avançado. Conforme mostram os dados apresentados por Carlos Del Toro (2003), em sua análise da burguesia cubana no período anterior à revolução, a ilha detinha uma média de carros por habitante que a colocava, em 1958, em sexto lugar no *ranking* mundial, atrás dos Estados Unidos, do Canadá, da Inglaterra, Venezuela e Alemanha Ocidental. Em 1953, ocupou o sétimo lugar, na região, na importação de tratores, depois de Argentina, México, Brasil, Chile, Colômbia e Venezuela. Em relação ao número de aparelhos de televisão, em 1954 ocupava o primeiro lugar na América Latina e no Caribe, com 150 mil, seguida por México (noventa mil), Argentina (setenta mil – dados de 1953), Brasil e Venezuela com vinte mil cada um. Detinha o sexto lugar em número de jornais publicados (1952), atrás de Brasil, México, Argentina, Peru e Chile; o quarto em número de emissoras de rádio (1949), atrás de Argentina, México e Brasil; e em salas de cinema (1955), atrás de México, Brasil e Argentina. Em 1958, ocupou o terceiro lugar na captação de investimentos diretos dos Estados Unidos, com 861 milhões de dólares, atrás da Venezuela, com 2.863 milhões, e Brasil, com 1.345 milhão. Nos anos 1958-1959, foi o maior comprador latino-americano de produtos alimentícios dos Estados Unidos, num valor em dólares de 144.330, contra 87.109 da Venezuela, 72.723 do México e 37.008 do Brasil (Del Toro, 2003). Conforme resume Eric Wolf (1984, p.313):

> Entre as vinte repúblicas latino-americanas, Cuba estava em quinto lugar quanto à renda anual *per capita*; em terceiro, quanto a pessoas não empregadas na agricultura; em terceiro ou quarto, quanto à expectativa de vida; em primeiro, quanto à construção de estradas de ferro e posse de aparelhos de televisão; em segundo, quanto ao consumo de energia; em quarto, quanto ao número de médicos por mil habitantes.

Os setores nacionais que se beneficiavam dessa estrutura desigual do sistema econômico cubano estão compostos basicamente pela aristocracia rural, uma burguesia vinculada a atividades de especulação imobiliária, indústria turística, e uma classe média formada principalmente por profissionais liberais e funcionários do Estado. Nas atividades econômicas mais importantes, havia uma forte presença do capital norte-americano, que controlava boa parte das plantações de cana-de-açúcar, das usinas, das refinarias de petróleo, do sistema telefônico e de eletricidade.

Apesar dessa influência na economia do país, o documento produzido por Fidel Castro não busca a confrontação com os Estados Unidos, seus alvos principais são as oligarquias nacionais e o regime político que as representa.

O encarceramento e a condenação dos participantes do assalto ao Moncada geram um forte movimento em favor da anistia, obtida em 15 de maio de 1955. Além da pressão popular, contribuiu favoravelmente a nova situação política gerada pela decisão de Batista de legalizar seu regime, convocando eleições para 1954, em que concorre como candidato único, dada a desistência da oposição de participar do processo. O clima de abertura restrita contribui para arrancar do ditador a libertação dos prisioneiros.

Dois meses depois da saída da prisão, Fidel Castro parte para México, onde permanece pouco mais de um ano, dedicado à organização de um grupo de combatentes com o objetivo de retornar a Cuba e promover uma nova ofensiva insurrecional. Durante esse período, mantém permanente contato com a resistência clandestina no país, especialmente o Movimento 26 de Julho (M-26/07), cujo nome reivindica a data do assalto ao Moncada, que em 16 de agosto torna público seu primeiro manifesto contra a ditadura, baseado nas propostas expressas em *A história me absolverá*. Além de articular a resistência interna, o M-26/07 começa a enviar ao México grupos de militantes que irão integrar o grupo que embarcará de regresso para iniciar a luta armada.

A força expedicionária, composta de 82 homens, 78 cubanos, um argentino, um italiano, um mexicano e um dominicano, embarcará em 25 de novembro de 1956 a bordo do *Granma*, barco de transporte de turistas reformado, com capacidade para 25 pessoas.

No plano de ação a ser desenvolvido em terras cubanas, caberia ao M-26/07 promover um levantamento popular em Santiago no dia 30 de novembro, data prevista para o desembarque do *Granma*. Embora sem atingir a força esperada, as ações em terra seguem o cronograma, o que não acontece com o grupo expedicionário, que só consegue desembarcar três dias depois, na Praia dos Colorados, Enseada de Turquino no momento em que as forças de Batista estavam de sobreaviso, desfechando um ataque devastador no dia 5 de dezembro.

Apenas doze sobrevivem ao ataque. Dispersando-se em pequenos grupos, tomam o rumo da Sierra Maestra, onde se reencontram, dezesseis dias depois, e iniciam a preparação de uma nova ofensiva. Dessa vez, a estratégia tentará fortalecer a ação guerrilheira no campo, buscando o apoio da população mais pobre, que se cristalizará pela combinação entre o avanço das forças revolucionárias e a promoção da reforma agrária nos territórios que vão sendo conquistados. Paralelamente, as organizações centradas nas cidades combinarão ações urbanas com o recrutamento de novos combatentes para engrossar as fileiras da guerrilha rural.

Em junho de 1957, o grupo guerrilheiro se divide em três colunas, sob o comando de Fidel Castro, Raul Castro e Ernesto "Che" Guevara, de nacionalidade argentina, que havia se incorporado ao grupo original que saiu do México na qualidade de médico, mas que, no decorrer das ações, tornou-se um dos combatentes mais destacados, obtendo a confiança do líder do movimento.

Paralelamente ao crescimento das ações armadas no campo, as quais obtêm algumas vitórias nas batalhas de La Plata e Uvero, fortalece-se o movimento nas cidades, onde parte da oposição moderada passa a assumir posturas mais radicais. É o caso do Diretório Revolucionário e de setores vinculados ao ex-presidente Socarrás, que promovem em 13 de março o assalto ao Palácio Presidencial, residência oficial de Batista. A ação fracassa ao encontrar forte resistência das forças oficiais, que eliminam 35 dos 50 combatentes.

Nesse contexto de ampliação do arco oposicionista, o M-26/07 torna público, em junho de 1957, o "Manifesto da

Sierra Maestra", documento redigido por Fidel Castro que apresenta um programa mínimo de unificação das oposições contra o regime de Batista. Entre as propostas do manifesto, destaca-se a formação de uma frente cívico-revolucionária, a exigência da renúncia de Batista, a rejeição de qualquer interferência externa nos assuntos de Cuba, a convocação, pelo futuro governo provisório, de eleições gerais com base nas normas definidas pela Constituição de 1940, assim como a promoção de mudanças econômicas no âmbito da reforma agrária, aceleração da industrialização e geração de empregos (Castro, 1976).

O movimento de resistência nas cidades organiza uma greve geral, a ser deflagrada em 9 de abril de 1958, que não obtém respaldo. Estimulado pelo fracasso da greve, Batista lança uma ofensiva militar contra a guerrilha, mobilizando uma tropa de mais de dez mil soldados. O ataque dura 75 dias, e o Exército é obrigado a recuar, após sofrer mais de mil baixas. A partir desse momento, começa a configurar-se a vitória dos revolucionários.

Em 20 de julho, as forças da oposição representadas pelo Diretório Revolucionário, pela Federação dos Estudantes Universitários, pelo Grupo Montecristi, pelo Movimento 26 de Julho, pela Organização Autêntica, pelo Partido Democrata, pelo Partido do Povo Cubano (Ortodoxo), pelo Partido Revolucionário Cubano (Autêntico), pela Resistência Cívica e pela Unidade Operária assinam, na capital venezuelana, o Pacto de Caracas, que condensa em três pontos as prioridades do momento em relação à conquista do poder:

> Primeiro: Estratégia comum de luta para derrocar a tirania mediante a insurreição armada. Segundo: Conduzir o país, após a queda do tirano, por um governo provisório, à sua normalidade, encaminhando-o pelo procedimento constitucional e democrático. Terceiro: Programa mínimo de governo que garanta o castigo dos culpados, os direitos dos trabalhadores, a ordem, a paz, a liberdade, o cumprimento dos compromissos internacionais e o progresso econômico, social e institucional do povo cubano. (Castro, 1976, p.124)

O documento solicita aos Estados Unidos que suspendam todo tipo de ajuda ao governo de Batista, especialmente no campo militar. Nessa reunião, propõe-se como presidente do país, após a derrubada de Batista, Manuel Urrutía Lleó, magistrado que se notabilizou por suas posições públicas contrárias à condenação dos rebeldes do *Granma* aprisionados por Batista.

Nesse momento, as forças da guerrilha incorporam contingentes originários de outras organizações, como o Diretório Revolucionário e o Partido Socialista Popular, denominação adotada pelo antigo Partido Comunista, que até pouco tempo atrás rejeitava as ações armadas e havia condenado o assalto ao Moncada, caracterizado como um ato aventureiro próprio de setores burgueses.

A partir de agosto, desencadeia-se a ofensiva final, combinando a marcha militar em direção a Havana com ações nas cidades de boicote às eleições presidenciais promovidas nesse momento pelo regime. No dia 31 de dezembro, Batista abandona Cuba, e as forças revolucionárias conquistam o poder.

Da rebelião à revolução

Na análise da sequência de fatos que marcam o processo revolucionário, podemos caracterizar três situações. Com o golpe de Batista de 1953, opera-se um processo de fechamento que explicita para setores importantes da sociedade cubana sua exclusão da vida política. Nessa fase inicial, o poder da ditadura se afirma com base em apoios internos, especialmente do *establishment* econômico, e externos, com o reconhecimento do governo dos Estados Unidos. O assalto aos quartéis de Moncada e Bayamo, em 1954, explicita o processo de radicalização de um pequeno grupo de militantes, para os quais o golpe significou a interrupção de uma inserção promissora na política republicana.

Seu movimento busca suscitar uma rebelião popular contra o regime de Batista, com o objetivo de restaurar a normalidade institucional. A derrota impulsiona o grupo de insurrectos para uma reflexão mais profunda sobre as raízes socioeconômicas do sistema de dominação que impera no país, cujas principais ideias estão plasmadas no discurso de defesa de Fidel Castro, *A história me absolverá*. Com o desembarque do *Granma*, em dezembro de 1956, dá-se início a uma nova fase opositora, no decorrer da qual vão sendo criadas as condições da revolução: crescente ativismo dos setores populares no campo e nas cidades, que já não aceitam pacificamente a deterioração das suas condições de vida; crise nos setores dominantes, com a divisão nas bases de sustentação do regime, que se enfraquece politicamente ao mesmo tempo que se multiplicam suas derrotas no campo militar. Nesse momento, a rebelião contra Batista vem acompanhada de processos de transformação mais profundos, especialmente com as mudanças implementadas pela guerrilha nas áreas conquistadas, em que são adotadas as primeiras experiências de reforma agrária. São os passos iniciais de uma revolução social que assumirá um perfil mais nítido após a conquista do poder.

Apesar dos indicadores de pobreza e precariedade do emprego, principalmente na zona rural, a Cuba pré-revolucionária apresentava sinais de modernização capitalista equivalentes, e em alguns casos superiores, ao dos países mais ricos da região. Nesse sentido, não se pode atribuir o desencadeamento da revolução a uma explosão popular de insatisfação com condições de vida em rápida e profunda deterioração, mas ao resultado da ação de um grupo reduzido de insurgentes que demonstram três qualidades excepcionais: 1ª grande capacidade de organização; 2ª abertura negociadora em relação aos setores descontentes das elites, especialmente os que se concentram na rica e cosmopolita cidade de Havana, valorizando as convergências da conjuntura e evitando antecipar controvérsias sobre a Cuba pós-Batista; 3ª comprometimento com os anseios dos setores populares na realização das reformas estruturais, antecipando medidas revolucionárias no decorrer do processo de luta.

Ao referir-se ao extrato social dos insurgentes, "Che" Guevara destaca que "nenhum dos componentes do primeiro grupo que vieram no *Granma*, que se estabeleceu em Sierra Maestra, e aprenderam a respeitar o camponês e o operário, enquanto viviam com eles, veio de famílias operárias e camponesas" (apud Wolf, 1984, p.325).

Essa forma de agir em relação aos diferentes setores envolvidos na luta contra a ditadura garante aos revolucionários o poder de fogo necessário para conduzir exitosamente o combate, ao mesmo tempo que acumula forças para evitar que a transição posterior padeça dos constrangimentos internos e externos que inviabilizaram o governo de Arbenz na Guatemala.

Conforme analisaremos no Capítulo 3, a ampla frente que se forma na fase final da ofensiva contra Batista, consagrada publicamente no Manifesto da Sierra Maestra e no Pacto de Caracas, perderá sustentação com o início do governo revolucionário, por causa das divergências entre os setores aglutinados em torno de Fidel Castro e do Movimento 26 de julho, que passam a apostar no aprofundamento das transformações econômicas, políticas e sociais, aceitando os desafios impostos pelo enfrentamento de poderosos interesses nacionais e internacionais, e os setores moderados, cujo horizonte de mudança previa o fim da ditadura, o retorno da democracia vigente até o golpe de 1952 e o estabelecimento de boas relações com os Estados Unidos.

2. Cuba – Estados Unidos: de Monroe a Reagan

No capítulo anterior, concentramos as principais atenções nos fatores internos que intervêm no processo revolucionário cubano. Antes de iniciarmos a análise do período posterior à queda de Batista, consideramos importante abordar separadamente um fator externo cuja influência adquire crescente notoriedade após a revolução de 1959, a política externa dos Estados Unidos, que passa a ser percebida pelo novo governo como principal determinante dos problemas econômicos enfrentados pelo país e pela adoção de decisões que implicam um forte controle político interno.

Nossa periodização das relações entre os dois países tomará como antecedente histórico a administração do presidente Monroe, que, em 1823, formulou a primeira doutrina que tem como alvo de preocupação imediato a região latino-americana. Conforme pretendemos mostrar, os parâmetros definidos pela Doutrina Monroe acompanham as relações com Cuba até a atualidade, definindo um padrão de intervenção norte-americano que tende a universalizar-se após o 11 de setembro de 2001, especialmente na política externa para o Oriente Médio.

América para os americanos

Durante o século XIX, a política externa de Estados Unidos se pautou pelo isolacionismo, evitando o envolvimento nas disputas entre as potências europeias. Com a Doutrina Monroe, a defesa do isolamento em relação à Europa passa a ser estendida ao conjunto do hemisfério. Manifestando preocupação com as intenções da Espanha de reverter, com o apoio da Santa Aliança, o processo de independência latino-americano, os Estados Unidos decidem fixar limites à intervenção de potências europeias no continente.

> Afirmamos, como um princípio em que os direitos e interesses dos Estados Unidos estão involucrados, que os continentes americanos, a raiz de terem assumido e de manter sua condição livre e independente, não devem ser considerados como sujeitos a futuras colonizações por parte de qualquer potência europeia ... consideraríamos qualquer tentativa de estender seu sistema a qualquer parte deste hemisfério como perigo para nossa paz e segurança. (Monroe, 1998, p.202)

A Doutrina Monroe inaugura uma política externa cujos delineamentos principais acompanharão as relações com a América Latina e o Caribe no decorrer do século XIX e boa parte do XX. Desde os primeiros momentos da sua formulação, Cuba estará presente.

Três argumentos se destacam na posição assumida pelos Estados Unidos de guardião da segurança hemisférica: 1º a existência de ambições expansionistas na região por parte de potências extracontinentais; 2º a defesa de um modo de vida que seria expressão do maior grau de avanço conhecido pela civilização, na época representado pelo regime político republicano, a ser defendido das ambições colonialistas das monarquias europeias; 3º a fragilidade das novas repúblicas latino-americanas para defenderem seus próprios interesses sem a ajuda dos Estados Unidos.

A Doutrina Monroe nunca foi formalmente abandonada pelos sucessivos governos norte-americanos, no entanto, sua invocação explícita se limita ao período de 1823 a 1904, em que são formulados seus cinco corolários. O primeiro, do secretário de Estado Henry Clay, de 1825, veta a possibilidade de transferência de Cuba e Porto Rico, colônias de Espanha, a qualquer outra potência. Os alvos eram principalmente Inglaterra, México e Colômbia, no caso dos dois últimos, pelo fato de poderem estimular a independência de Cuba. O segundo, formulado pelo presidente James K. Polk, em 1845, busca desestimular qualquer interesse, em especial da Inglaterra, pelo Texas, que tinha se separado do México em 1836 e foi posteriormente incorporado à União Americana. Na sua presidência, será feita uma oferta à Espanha para a compra de Cuba, não aceita pela Coroa. Em

1871, o presidente Ulysses S. Grant invoca a Doutrina Monroe com o objetivo de desestimular eventuais intenções de recolonização da República Dominicana por parte da Espanha, após a anexação de 1861 e sua posterior retirada em 1865.

Em 1895, o secretário de Estado Richard Olney envia uma mensagem a Londres, a raiz da disputa fronteiriça entre Venezuela e a Guiana Inglesa, propondo que Estados Unidos sejam mediadores do conflito de interesses, sob o argumento de que a Doutrina Monroe não estava sendo respeitada. Em 1896, após superada a crise com a Inglaterra, Olney dirige sua atenção para a guerra de independência cubana enviando à Espanha uma nota em que destacava que "os Estados Unidos não podem contemplar com complacência outros dez anos de insurreição cubana" (Schoultz, 2000, p.153).

O quinto, e mais conhecido, foi formulado por Theodore Roosevelt, em dezembro de 1904, cuja denominação mais comum é *Big Stick* (grande porrete). Sob o pretexto de defender o hemisfério das políticas imperiais de potências extracontinentais, a raiz de problemas surgidos com a insolvência da Venezuela no pagamento da sua dívida externa, que tem seus portos bloqueados por uma esquadra de barcos ingleses, alemães e italianos, os Estados Unidos se atribuem o direito exclusivo de intervenção:

> Nossos interesses e os dos nossos vizinhos do Sul são em realidade os mesmos. Eles possuem grandes riquezas naturais, e se dentro de seus limites o reino da lei e da justiça é alcançado, então é certo que a prosperidade virá junto. Enquanto obedecem assim às leis primárias da sociedade civilizada podem eles ficar tranquilos e certos de que serão por nós tratados num clima de simpatia cordial e proveitosa. Eles só merecerão a nossa interferência em último caso, e então apenas se for constatado claramente que sua inabilidade ou fraqueza para executar a justiça em casa e no exterior tenha violado os direitos dos Estados Unidos ou incitado a agressão estrangeira em detrimento do conjunto das nações americanas. (Morris, 1956, p.184-5)

Theodore Roosevelt, que tinha desempenhado o cargo de secretário assistente da Marinha do presidente McKinley e participado da guerra contra a Espanha, era um adepto das ideias do almirante Alfred Mahan, que em 1890 tinha publicado o livro *A influência do poder marítimo na história*, com uma visão estratégica que percebe o poderio naval e o controle dos mares como principais atributos do *status* de grande potência, atribuindo ao Caribe um papel geopolítico crucial para os Estados Unidos. Sua visão foi incorporada pela política externa norte-americana, que até os dias de hoje considera a região caribenha como uma terceira fronteira, junto com o Canadá e o México (Powell, 2001).

A política do governo de Theodore Roosevelt (1901-1909) buscará explicitamente afirmar a hegemonia nessa sub-região. Em 1903, com base na Emenda Platt, autoriza a instalação de uma base militar em Cuba, na Bacia de Guantánamo. No mesmo ano, apoia a insurreição separatista de Panamá em relação à Colômbia, que culmina com a formação do novo Estado e a cessão, em novembro, do controle da zona do canal aos Estados Unidos. Em 1905, ordena o desembarque de tropas na República Dominicana, em aplicação do Corolário Roosevelt, assumindo a administração das aduanas com o objetivo de garantir o pagamento da dívida externa. Em 1906, promove a segunda ocupação de Cuba, contra a chamada "revolução de agosto", conduzida pelo Partido Liberal, que questiona a reeleição de Estrada Palma no pleito de 1905. O pedido de intervenção vem do próprio presidente cubano, e leva ao estabelecimento de um governo provisório até a celebração de eleições, em 1908, em que triunfa o candidato liberal José Miguel Gómez, que assume em janeiro de 1909, paralelamente à retirada das tropas norte-americanas.

Após o governo de Theodore Roosevelt, embora a Doutrina Monroe não tenha sido invocada como justificativa de ações na região, os três argumentos do intervencionismo apontados no início continuam presentes.

A partir dos anos 30, durante a presidência de Franklin Roosevelt, conhecida nas relações hemisféricas como período da boa vizinhança, não se verificam intervenções unilaterais.

No caso de Cuba, o governo dos Estados Unidos deixa sem efeito a Emenda Platt.

Com o início da Segunda Guerra Mundial, a política de boa vizinhança de Roosevelt sofre algumas adaptações. Começa uma pressão para o envolvimento latino-americano com os aliados, seja rompendo relações diplomáticas com Alemanha, Itália e Japão seja contribuindo com ajuda econômica, fornecendo produtos primários (alimentos e minérios) a preços controlados. A proteção da região da influência do "eixo", tanto pelo alinhamento de países com a Alemanha como pela adoção de sistemas políticos similares, leva os Estados Unidos a promoverem o isolamento de governos suspeitos de simpatias com o totalitarismo nazifascista, como aconteceu com a então ditadura militar Argentina, sob a presidência de Farrell.

Os desafios do mundo bipolar

Após a Segunda Guerra Mundial, quando os Estados Unidos assumem o papel internacional de guardiães do chamado mundo livre contra o avanço do comunismo, a América Latina e o Caribe passam a sofrer crescentes interferências sob o argumento do combate ao expansionismo soviético, que encontraria terreno favorável nas fragilidades do desenvolvimento da região, especialmente as que decorrem das fortes desigualdades sociais. O exemplo emblemático que sustenta esse tipo de preocupação é a Revolução Cubana, considerada fator catalisador de novos movimentos similares.

A revolução acontece no período final do governo Eisenhower, cuja marca característica é o endurecimento da guerra fria, e promove a desestabilização de governos cuja trajetória indica um possível aumento da influência soviética. Os exemplos mais conhecidos dessa política são a destituição do primeiro-ministro do Irã, Mossadegh, em 1953, e a intervenção em Guatemala contra o presidente eleito Jacobo Arbenz, em 1954. No primeiro caso, o objetivo foi pôr fim à política nacionalista do primeiro-ministro em relação à exploração do petróleo, que afetava interesses de empresas estrangeiras, especialmente inglesas e norte-americanas. Mossadegh sai do governo após enfrentar um forte movimento de oposição em cuja organização teve importante papel a Agência Central de Inteligência (CIA). O sucessor será o xá Reza Pahlevi, que governará o país até a revolução islâmica de 1979, encabeçada pelo aiatolá Khomeini. Na Guatemala, a intervenção combinará diversas ações: campanha publicitária nacional e internacional contra o avanço do comunismo, que tem como principal patrocinador a empresa United Fruit, afetada pela reforma agrária implementada pelo governo; isolamento diplomático do país, sob a mesma acusação, contando com o alinhamento quase que incondicional dos países latino-americanos nos fóruns internacionais (Organização das Nações Unidas – ONU) e interamericanos (Organização dos Estados Americanos – OEA); envio de uma força paramilitar liderada por opositores de Arbenz, treinada pela CIA, a partir da fronteira com Honduras, que inicia ações armadas. A resposta do presidente da Guatemala será a renúncia.

Os resultados obtidos no Irã e na Guatemala encorajam uma visão que tende a valorizar essa modalidade de intervenção como exemplo de sucesso na promoção dos interesses do país, sem implicar grandes custos políticos, dado o papel relevante das ações encobertas sob o comando da CIA. Em relação a Cuba, o governo Eisenhower deixa para seu sucessor um plano de invasão da ilha, pelo treinamento de um grupo paramilitar composto fundamentalmente por exilados cubanos.

A abordagem intervencionista da administração Eisenhower, que priorizava ganhos de curto prazo, limitando as possibilidades de resolução das crises internacionais a uma opção entre extremos, sofre mudanças com a eleição de Kennedy e a volta do Partido Democrata ao poder. Os Estados Unidos passam a apostar no esvaziamento das alternativas não capitalistas ou nacionalistas antinorte-americanas pelo estabelecimento de um consenso majoritário em favor das vantagens oferecidas pelo alinhamento com o "mundo livre".

Nos anos em que Kennedy esteve à frente do governo, aumentou a importância da América Latina na política externa.

As preocupações com a região adquirem prioridade com a constatação dos erros das políticas anteriores, que enfatizavam o alinhamento político em razão da guerra fria, apoiando sem nenhuma seletividade todo regime aliado e combatendo aqueles que ensaiavam voos próprios, sem medir meios e consequências de médio e longo prazo causadas pela imposição de opções antipopulares. A Revolução Cubana aparece nesse momento como um indício do que pode acontecer com outros países, caso a política externa dos Estados Unidos continue apostando exclusivamente no intervencionismo.

O eixo inicial da mudança de rumos proposto por Kennedy será a promoção de reformas econômicas e sociais, o que não significa o abandono das políticas preventivas e repressivas das administrações precedentes. Na prática, nos dois campos haverá inovações e aperfeiçoamento dos instrumentos de política externa, que serão combinados de forma a atender às exigências colocadas pela conjuntura desses anos. A postura do governo Kennedy será pragmática: para implementar a política de reformas estruturais, criará a Aliança para o Progresso (Alpro) e, para prevenir novas experiências inspiradas na Revolução Cubana, a política de treinamento e aparelhamento das forças repressivas latino-americanas será reforçada.

Em março de 1961, Kennedy apresenta um programa de dez pontos que sintetiza os objetivos da Aliança para o Progresso. Entre os principais, destaca-se a implementação de um Plano Decenal de desenvolvimento, com destinação de recursos para "combater o analfabetismo, para melhorar a produtividade e o emprego da terra, para exterminar as doenças, para derrubar as estruturas arcaicas do sistema tributário e de posse da terra e para fornecer oportunidades educacionais" (Kennedy, 1964, p.234). O programa também prometia apoio à integração econômica, propondo a criação de uma área de livre comércio, ações emergenciais de alimentos para a paz e intercâmbio científico entre as universidades.

Um mês depois, é implementado o plano de intervenção em Cuba deixado pela administração anterior. O *modus operandi* dos governos de Eisenhower e Kennedy em relação aos países situados no campo dos adversários da sua política externa aparece bem explicitado no relatório da CIA de 11 de março de 1961, que avalia o estágio da preparação da invasão, cujos principais trechos reproduzimos a seguir:

> *Status* da Ação Preparatória: Há aproximadamente um ano, a Agência foi orientada para colocar em ação a organização de uma ampla oposição ao regime de Castro; uma grande campanha de propaganda; apoio para atividades de resistência pacíficas e violentas; e o desenvolvimento de forças aéreas e terrestres paramilitares, treinadas, compostas por voluntários cubanos.
>
> O *status* das mais importantes atividades é o que se segue: Políticas: Por um período de quase um ano, a Frente Revolucionária Democrática (FRD), que foi criada na esperança de que se torne a concretização de uma oposição unificada a Castro, provou ser altamente útil, mas importantes elementos se recusaram a juntar-se a ela. Dessa maneira, um grande esforço foi empreendido há três semanas para formar um conselho revolucionário de bases mais amplas, o qual incluiria a FRD e que poderia levar ao erguimento de um governo provisório... Militares: Forças paramilitares foram recrutadas e treinadas e estarão num estado avançado de prontidão em pouco tempo... Tempo: Será impraticável manter todas essas forças juntas além do começo de abril...
>
> Conclusões
>
> a. O regime de Castro não cairá por si só. Na ausência de ação externa contra ele, o enfraquecimento gradual da oposição interna cubana deve ser esperado.
>
> b. Em poucos meses, as capacidades das forças militares de Castro provavelmente aumentarão a tal ponto que a deposição do seu regime, a partir de dentro ou de fora do país, pela oposição cubana, será bastante improvável.
>
> c. Se for usada com eficiência, a força paramilitar cubana tem grandes chances de depor Castro ou de causar uma prejudicial guerra civil, sem a necessidade de os Estados Unidos se comprometerem com a ação manifesta contra Cuba.

d. Entre o curso alternativo de ação aqui revisado, um ataque precedido por uma aterrissagem diversa, oferece a melhor chance de se alcançar o resultado desejado. (CIA, 1982)

Uma expedição de 1.500 homens, vinda da Guatemala, desembarca na Baía dos Porcos, na Província de Las Villas, e é rapidamente derrotada pelas forças cubanas, que fazem vários prisioneiros. O governo Kennedy é obrigado a assumir publicamente a ação, com altos custos políticos para a credibilidade de seu programa de desenvolvimento para a América Latina e o Caribe. A partir daqui, ficam claramente explicitadas as respostas que se devem esperar em caso de não alinhamento com os Estados Unidos.

O fracasso da invasão desencadeia um processo de radicalização nas relações entre Cuba e Estados Unidos. No âmbito interno da administração Kennedy, começa a discutir-se a adoção de medidas mais eficazes contra o governo de Fidel Castro, cujo resultado é a implementação, no final de 1961, da Operação Mangusto, que contempla um programa de ações clandestinas de sabotagem, guerra econômica e atentados contra autoridades.

Ao analisar documentos governamentais da época liberados para consulta, Jorge Dominguez (2000) destaca o caráter obsessivo das discussões sobre Cuba no interior da administração. Um indicador dessa postura é o tempo dedicado pelo presidente para acompanhar a operação. Numa passagem da documentação, o secretário de Justiça, Robert Kennedy, irmão do presidente, na abertura de uma reunião sobre a Operação Mangusto realizada no seu escritório em 16 de outubro de 1962, expressa

O descontentamento geral do presidente [com a Operação Mangusto, porque] não tinha havido nenhum ato de sabotagem, e aquele que fora tentado havia falhado duas vezes. [Kennedy conclui que] em vista dessa falta de progresso ... realizará uma reunião a cada manhã às 9h30 com os representantes operacionais da Operação Mangusto das várias agências. (Dominguez, 2000, p.310)

Na tarde desse mesmo dia, realiza-se na Casa Branca a primeira reunião dedicada especificamente à descoberta da instalação de mísseis soviéticos em Cuba. A partir desse momento, as ações previstas na Operação Mangusto ficam condicionadas à evolução da nova situação.

Em 22 de outubro, o governo dos Estados Unidos impõe o bloqueio naval a Cuba, o que inclui barcos comerciais, com o apoio da OEA. A crise dos mísseis representou o momento de maior tensão da guerra fria, em que as duas superpotências chegaram perto de um impasse que poderia ter desencadeado um conflito de consequências imprevisíveis. O encontro entre a frota soviética, que se dirigia a Cuba com carregamento de armas, e a frota norte-americana, que bloqueava o acesso à ilha, poderia trazer consequências imprevisíveis caso não se chegasse a um acordo entre as duas superpotências.

Numa conferência realizada em Havana em outubro de 2002 para lembrar quarenta anos desse episódio, membros do governo Kennedy, que acompanharam de perto os acontecimentos, apresentaram informações que mostram um quadro mais preocupante do até então conhecido. Noam Chomsky (2004, p.78) reproduz algumas das afirmações que mais chocaram o público presente na conferência:

> "Um sujeito chamado Arkhipov salvou o mundo", disse Thomas Blantom, do Arquivo de Segurança Nacional em Washington, que ajudara na organização do evento. Ele se referia a Vasili Arkhipov, um oficial da Marinha soviética que, a bordo de um submarino, barrou uma ordem de lançar torpedos nucleares em 27 de outubro, no momento mais tenso da crise, quando os submarinos estavam sendo atacados por destróieres americanos. Era de se esperar uma reação devastadora, detonando uma guerra de grandes proporções.

O desfecho da crise se deu de forma negociada. Kennedy e Kruchov chegam a um acordo que inclui a retirada dos foguetes do território cubano e o abandono dos objetivos de invasão da ilha por parte de Estados Unidos.

Embora Cuba estivesse no centro da disputa estratégica, mesmo porque a decisão em favor da instalação dos mísseis contou com a participação ativa do seu governo, que via na posse de armas nucleares apontadas para o território americano um meio eficaz de dissuasão para novas iniciativas intervencionistas, sua participação nas negociações recebe o veto dos Estados Unidos. Repete-se aqui a situação vivenciada pelos líderes da independência, que não puderam interferir nas discussões que definiam seu futuro como nação "soberana".

Com o fim da crise dos mísseis, o governo Kennedy retoma as ações encobertas contra Cuba. Conforme documento citado por Dominguez, o assessor do presidente em Assuntos de Segurança Nacional, McGeorge Bundy, apresenta um conjunto de recomendações sobre a política a ser adotada contra o governo de Fidel Castro. Entre as principais, inclui diversas modalidades de atos terroristas: "utilizar 'exilados cubanos selecionados para sabotar instalações-chaves de tal maneira que a ação pode ser atribuída de forma plausível aos cubanos em Cuba', 'sabotar a carga e o transporte cubano, e a carga e o transporte do Bloco [soviético] a Cuba'" (Dominguez, 2000, p.311), e também reforma da estrutura organizativa da Operação Mangusto, que seria transferida para um novo escritório de Coordenação de Assuntos Cubanos, sob a responsabilidade do Departamento de Estado.

As ações terroristas propostas não foram implementadas, no entanto, em 9 de abril de 1963, o presidente Kennedy autorizou operações de sabotagem "contra uma ponte ferroviária, algumas instalações de armazenamento de petróleo e uma embarcação de armazenamento de melaço. Ações foram realizadas ulteriormente contra uma refinaria de petróleo, uma central elétrica, uma serraria, e um guindaste flutuante num porto cubano" (ibidem).

A invasão fracassada na Baía dos Porcos também teve desdobramentos imediatos nas discussões dos organismos interamericanos sobre a implementação da Aliança para o Progresso (Alpro); o isolamento de Cuba será o objetivo paralelo e condicional do oferecimento de ajuda econômica.

Na reunião da OEA em Punta del Este, em agosto de 1961, os objetivos da Alpro recebem fortes críticas da delegação cubana, chefiada por Ernesto "Che" Guevara, que argumenta que o eixo da ajuda não apostava no desenvolvimento econômico da região, mas destinava-se basicamente a suprir deficiências no plano da alimentação, do saneamento básico e da educação. A única mudança estrutural apresentada era a reforma agrária. Em seu discurso na Conferência, questiona as projeções de crescimento para a região, contrapondo sua percepção otimista do futuro de Cuba:

> A taxa de crescimento que se apresenta como ideal para toda a América é de 2,5% ... Nós falamos sem nenhum receio em 10% de desenvolvimento ... O que Cuba calcula que terá em 1980? Uma renda *per capita* de 3 mil dólares, maior que a dos Estados Unidos atualmente ... Que nos deixem em paz, que nos deixem crescer, e dentro de vinte anos reunamo-nos todos de novo para ver de onde vinha o canto de sereia: se de Cuba revolucionária ou de outro lugar. (Castañeda, 1997, p.241)

Durante o período em que Kennedy é presidente, a expectativa maior nas relações interamericanas (com exceção de Cuba) recai na política reformista; após seu assassinato, em 22 de novembro de 1963, assume o governo seu vice-presidente, Lyndon Johnson, que muda as prioridades regionais da política externa. No plano internacional, o país se envolve cada vez mais no conflito do Vietnã. Na América Latina, a opção pela segurança política fortalece as saídas não institucionais, e a visão do Pentágono e da CIA passa a ter um peso maior na caracterização dos amigos e inimigos dos Estados Unidos. Governos e setores políticos, considerados aliados pelo presidente Kennedy na promoção das reformas propostas pela Alpro, começam a ser vistos como indecisos e perigosos. Entre 1962 e 1968, o panorama político da região reflete a opção clara pelo militarismo com golpes na Argentina, Guatemala, República Dominicana, em Honduras, Haiti, Bolívia, Brasil e Peru.

O sucessor de Johnson, Richard Nixon, eleito pelo Partido Republicano, enfrentará os primeiros desdobramentos das crises geradas pela militarização da região, tendo que responder ao conjunto de pressões originárias de uma situação bastante diferente da até então conhecida. A agenda das relações hemisféricas se amplia consideravelmente nos anos 70 e, por iniciativa dos países latino-americanos, que reivindicam uma nova ordem regional, com importantes consequências para as relações de Cuba com seus vizinhos.

Em 1972, o Peru propõe na OEA a discussão sobre o levantamento do bloqueio a Cuba. A proposta obtém pouco apoio do restante dos países. Em 1973, Panamá e Peru, membros na época do Conselho de Segurança da ONU, colocam em discussão projeto de resolução que restabelece a soberania do Panamá sobre a Zona do Canal. O projeto é rejeitado pelos Estados Unidos, que exerceram seu direito de veto. Na terceira sessão da Assembleia Geral da OEA, em abril de 1973, Colômbia, Costa Rica e Venezuela apresentam projeto de resolução que reconhece o pluralismo político-ideológico nas relações interamericanas, aprovado pela maioria dos países. Em 1974, os Estados Unidos assinam a Declaração das Relações Mútuas com o Panamá, prevendo o restabelecimento futuro da soberania do país na Zona do Canal. Também em 1974, em Tlatelolco (México), os países latino-americanos exigem o fim das sanções contra Cuba, o que se concretiza em parte na XVI Reunião de Consulta de Ministros de Relações Exteriores da OEA de 1975, que aprova uma resolução, com voto favorável dos Estados Unidos, liberando os países-membros para estabelecer relações diplomáticas com a ilha.

O cenário de crise que marca o fim do governo Nixon-Ford, cujos dados mais reveladores são a derrota no Vietnã em 1973 e o escândalo Watergate em 1974, contribui para o retorno do Partido Democrata, com a eleição de Jimmy Carter em 1976. Em resposta ao descrédito internacional do país, o novo governo procurará mudar a imagem de potência patrocinadora das ditaduras mais reacionárias do Terceiro Mundo, apresentando uma agenda de defesa da democracia, dos direitos humanos e da autodeterminação das nações.

Na América do Sul, onde os regimes militares tornaram-se predominantes, será deflagrada uma campanha em favor do respeito aos direitos humanos instrumentada pela OEA, que organizará visitas a países cujos governos são acusados de promover a tortura, assassinato, desaparecimento e demais formas de perseguição aos opositores políticos. Caso as denúncias se mostrem verdadeiras e os governos acusados mantenham a mesma postura, os Estados Unidos ameaçam com o corte da ajuda econômica e militar.

Na América Central e no Caribe, haverá também uma mudança de enfoque. O regime de Somoza na Nicarágua sofrerá pressões crescentes para que inicie um processo de normalização institucional, buscando antecipar-se a uma saída revolucionária em que a guerrilha liderada pela Frente Sandinista de Libertação Nacional seria a principal beneficiária. Em 1977, é assinado um tratado com o Panamá, que dispõe a devolução gradual do canal até 1999. Nas relações com Cuba, há também uma pequena melhora. Eliminam-se as restrições para que os cidadãos americanos viajem ao país e assina-se um acordo de "Seção de Interesse" pelo qual Cuba abre escritório em Washington e os Estados Unidos em Havana, o que representa um início de contato diplomático.

No entanto, apesar dos esforços da administração Carter, a mudança de imagem dos Estados Unidos perante os principais círculos dirigentes econômicos, militares e políticos do país não se dá no sentido esperado. O governo passa a ser acusado de fraqueza e indecisão no enfrentamento dos desafios de um mundo crescentemente instável.

Alguns fatos contribuíram para isso, e quase todos no ano de 1979: a revolução islâmica no Irã, que derruba o principal aliado dos Estados Unidos no Golfo Pérsico, substituindo-o por um governo que declara o país como inimigo número um; a revolução sandinista na Nicarágua, vista nos meios conservadores como uma nova Cuba prestes a incendiar toda a América

Central; a revolução de Maurice Bishop em Granada; a crise dos reféns na embaixada dos Estados Unidos no Irã, com a qual o mundo assiste à impotência do país em obter alguma solução; a VI Conferência dos Países Não Alinhados em Cuba, na qual Fidel Castro é eleito presidente; a invasão soviética do Afeganistão; e o segundo choque do petróleo, com seus efeitos recessivos na economia mundial. Esses fatos contribuem para a composição de um quadro considerado catastrófico pelos setores mais influentes do *establishment*, que associam o governo Carter com a pior situação já vivida pelos Estados Unidos, abrindo as possibilidades para o retorno dos republicanos ao poder, sob a liderança de Ronald Reagan.

Para o novo governo, o foco principal da política latino--americana será a América Central e o Caribe, manifestando fortes temores com o chamado "efeito dominó" que, com as mudanças ocorridas na Nicarágua e em Granada e a crescente instabilidade em El Salvador e Guatemala, poderia favorecer uma onda revolucionária capaz de arrastar o México e penetrar nos próprios Estados Unidos, através das grandes comunidades hispânicas.

Em 1981, elabora-se um programa de ajuda denominado "Iniciativa da Bacia do Caribe", que busca ampliar o comércio e melhorar os investimentos, injetando 330 milhões de dólares, liberando o comércio com os Estados Unidos e dando incentivos fiscais para as empresas que decidam investir na região. Ao mesmo tempo, aumenta a ajuda militar. Entre 1981 e 1983, El Salvador e Honduras recebem, respectivamente, setecentos e trezentos milhões de dólares para treinamento e compra de armas. Nesse período, inicia-se o apoio financeiro e militar à guerrilha dos "contra", formada por ex-guardas somozistas e mercenários que atuam na Nicarágua através da fronteira com Honduras.

No dia 23 de outubro de 1983, os Estados Unidos invadem a ilha de Granada. O argumento foi o aumento da presença soviética e cubana a partir do golpe de Estado liderado por Bernard Coard, que no dia 14 desse mês derrubou e assassinou o presidente Maurice Bishop. Além da radicalização da revolução, anunciada pelo novo governo, a alegação de supostas ameaças ao território dos Estados Unidos, por causa da construção de um aeroporto internacional, foi apresentada como justificativa da ocupação do país.

No que se refere às relações com Cuba, em março de 1980, logo após o anúncio da vitória de Reagan nas eleições, desencadeia-se uma crise diplomática entre os dois países. Um número crescente de cubanos se dirige às embaixadas de Venezuela e Peru em Havana, forçando a entrada com o objetivo de conseguir vistos para sair do país. O governo cubano libera a saída das pessoas que desejem emigrar, disponibilizando o porto de Mariel. A partir desse momento, estabeleceu-se uma ponte entre Miami e Havana, com a afluência de um grande número de embarcações, que chegaram a transportar 125 mil pessoas, entre as quais, um grande número de delinquentes comuns liberados da prisão pelo governo cubano (Furiati, 2003).

Embora tivesse apoiado as iniciativas migratórias iniciais com o objetivo de dificultar a administração da crise por parte das autoridades cubanas, com as proporções e a qualidade da onda de migrantes, o governo dos Estados Unidos decide suspender a aceitação de novos imigrantes. Para evitar maiores problemas nesse âmbito, iniciam-se negociações para estabelecer um acordo migratório entre os dois países, concluído em 1984, em que Cuba aceita a repatriação de emigrantes da onda de Mariel que cometeram crimes nos Estados Unidos, que por sua vez restabelece a concessão de vistos para cubanos, com uma cota anual de até vinte mil.

Após a ascensão de Reagan, os poucos avanços iniciados durante o governo Carter são revertidos. As viagens de negócios e turismo à ilha feitas pela American Airways Charter Inc., de frequência diária, são proibidas por disposição do Departamento do Tesouro. A partir de 1982, agudiza-se o bloqueio econômico. Em 1983, os Estados Unidos proíbem a importação de aço que contenha níquel cubano, independentemente do país de origem. Em 1986 começa a funcionar a Radio Martí, que transmite programação contra o governo desde a estação situada na Flórida.

Uma outra área tradicional de atrito, que durante o governo Carter tinha apresentado avanços consideráveis, é a das relações com o Panamá. Em julho de 1983, o presidente Omar Torrijos morre em duvidoso acidente aéreo, sendo substituído pelo general Manuel Noriega, o que é interpretado, num primeiro momento, como retomada da influência dos Estados Unidos no país. No entanto, o antigo aliado passa a assumir posturas independentes, mantendo relações de amizade com Cuba e Nicarágua e reafirmando a disposição de cumprir o tratado assinado em 1977, que devolve ao Panamá o controle sobre a Zona do Canal. A "tardia" descoberta de ligações de Noriega com o narcotráfico servirá de argumento para o início, em 1987, de uma ofensiva política dos Estados Unidos para destituí-lo do poder, o que acaba acontecendo em dezembro de 1989, quando o sucessor de Reagan, George Bush, ordena a intervenção militar no país.

3. A construção do socialismo

Os vários governos dos Estados Unidos e os analistas favoráveis às posições internacionais do país coincidem em retratar a política em relação a Cuba como de resposta àquelas medidas implementadas pelo governo de Fidel Castro que contrariam os interesses dos Estados Unidos e da "comunidade interamericana".

Independentemente do registro cronológico da partida inicial dos desentendimentos, o importante é a história conhecida do comportamento dos Estados Unidos em outras circunstâncias parecidas. Guatemala era o exemplo mais fresco na memória dos cubanos, sobretudo porque alguns dos protagonistas da revolução, como Ernesto Guevara, ali se encontravam no momento da derrocada de Arbenz. Os revolucionários cubanos sabiam o que se podia esperar dos Estados Unidos, especialmente quando as transformações estruturais na economia tomassem corpo.

Como mostramos nos capítulos anteriores, a presença dos Estados Unidos em Cuba tem dimensões econômicas e políticas que perpassam um longo percurso histórico. A dependência da exportação de um produto, o açúcar, em relação a um único mercado, limitava enormemente as opções do novo governo, preocupado em viabilizar uma política independente, sem comprometer o estado de "simpatia benevolente" característico das reações iniciais dentro dos Estados Unidos ante a revolução.

Na verdade, o que se esperava (ou se desejava) nos EUA era um pequeno intervalo de moralização da imagem de Cuba como paraíso da corrupção, do jogo, da prostituição e de outros "excessos" que encontram melhor caldo de cultura em regimes ditatoriais. Feito isso, e sem demora, deveriam convocar-se eleições. Com o esgotamento dos efeitos das medidas iniciais de moralização e melhoria conjuntural da situação econômica dos setores populares, assumem importância as ações de alcance estrutural. Nesse momento, a "boa vontade" dos Estados Unidos desaparece rapidamente.

A disponibilidade inicial de recursos para financiar um processo de desenvolvimento com autonomia de decisões, tendo em vista a experiência conhecida, não pode depender do sistema financeiro internacional ou dos países capitalistas desenvolvidos, especialmente dos Estados Unidos. De acordo com Florestan Fernandes (1979, p.108-9):

> Certas medidas elementares e instrumentais foram tomadas entre 1959-1960 ou até 1962-1963. A "expropriação dos expropriadores" teria de começar, logicamente, pelos aproveitadores do regime ou pelos agentes externos e internos do capitalismo neocolonial: a recuperação dos bens malversados; a primeira e segunda reformas agrárias; a nacionalização do capital estrangeiro; e a nacionalização geral da indústria. Por aí se fez o confisco, sob várias formas, e se pôs nas mãos do governo revolucionário uma considerável massa de riqueza ... Também se apelou, complementarmente, para outras medidas diretas ou indiretas de fortalecimento econômico do governo revolucionário, como, por exemplo: a contribuição voluntária de 4% do salário, com que os trabalhadores colaboravam na constituição de fundos para a industrialização, o fomento da produção açucareira etc.; o congelamento dos salários, decidido pelas organizações sindicais; o controle das importações, a monopolização estatal do comércio exterior, a centralização da política cambial etc.; o racionamento, a instituição do armazenamento etc. No conjunto, o governo revolucionário preparava ou estimulava a criação de uma base econômica para certas medidas de grande impacto ou para o alargamento de sua intervenção na economia, ameaçada pela resistência empresarial ou pela represália dos Estados Unidos.

Grande parte das expropriações citadas aparece como resposta à radicalização dos Estados Unidos perante o novo governo. No programa inicial da revolução, que tem fortes semelhanças com o documento *A história me absolverá*, a medida mais radical quanto à mudança estrutural era a reforma agrária. No restante, previam-se ações direcionadas a melhorar as condições de vida do povo (aumentos salariais, direitos trabalhistas, diminuição de aluguéis residenciais etc.) ou diversificar o perfil econômico do país, fortalecendo a industrialização.

Entre 8 de janeiro de 1959, quando os revolucionários assumem o poder, e 17 de maio, data de assinatura da Lei de Reforma Agrária, as reações negativas perante o novo governo nos Estados Unidos tiveram um caráter mais de advertência, cujo veículo principal foi a imprensa, sem que as opiniões vertidas assumissem um caráter oficial. As principais preocupações eram com a magnitude da repressão aos antigos aliados do regime de Batista (fuzilamentos e juízos sumários) e a demora para convocar eleições. No entanto, a decretação da reforma agrária desencadeou o início do confronto entre os objetivos da revolução e a política dos Estados Unidos.

A nova lei cria o Instituto Nacional de Reforma Agrária (Inra), que passa a atuar diretamente na economia rural, definindo as áreas de propriedade pública e privada.

> Pretendia três correções essenciais: 1) eliminar o latifúndio (a lei prescrevia, de imediato, os latifúndios improdutivos; o artigo 2 exceptuava da medida: as áreas semeadas de cana, cujos rendimentos estivessem 50% acima da média nacional; as áreas de criação de gado que correspondessem aos critérios de produtividade do Inra; as áreas de cultivo de arroz que rendessem não menos que 50% da média da produção nacional; as áreas dedicadas a um ou vários cultivos ou à agropecuária, com ou sem atividade industrial, "para cuja exploração eficiente seja necessário manter uma extensão de terra superior à estabelecida como limite máximo no artigo 1 desta Lei"); 2) corrigir os minifúndios; 3) extinguir legalmente, em futuro próximo, a alienação de terras cubanas e estrangeiras. (ibidem, p.118)

A resposta oficial dos Estados Unidos vem no dia 12 de junho de 1959, em nota que demonstra preocupação em relação às indenizações previstas nos casos de expropriações de terras pela reforma agrária. O que estava previsto era o pagamento, em bônus da RA com prazo de carência de vinte anos e juros de 4,5% anuais, do valor de renda declarado nos cartórios até 10 de outubro de 1958. Levando-se em consideração que, na reforma agrária implementada pelos Estados Unidos no Japão durante a ocupação de 1945-1952, determinou-se uma indenização aos antigos proprietários em bônus de 24 anos de carência e juros 3,5% ao ano, a crescente exaltação com Cuba parecia fora de propósito (Morales Dominguez & Pons Duarte, 1987).

Como vimos no capítulo anterior, a política de retaliação começa a delinear-se claramente a partir de 1960, no fim da administração Eisenhower, aprofundando-se na presidência de Kennedy. Em razão desse contexto, as respostas do governo cubano serão na linha do ataque aos interesses econômicos estrangeiros e nacionais que promovem o boicote à revolução, amadurecendo, no decorrer do processo, uma visão mais radical sobre as alternativas em direção a um desenvolvimento independente.

Faremos uma breve reconstrução desse percurso, intercalando cronologicamente os fatos principais que marcaram a trajetória das relações entre Cuba e Estados Unidos entre 1960 e 1962:

- Pressões dos Estados Unidos para restringir a venda de combustíveis a Cuba obrigam o país a recorrer ao fornecimento soviético de petróleo. Em junho de 1960, a Texaco nega-se a refinar o petróleo soviético. Posteriormente, a Esso e a Shell fazem o mesmo.
- Em julho, o governo dos Estados Unidos reduz a cota de importação de açúcar cubano em 95%.
- Em agosto, o governo cubano nacionaliza as empresas estrangeiras e suas propriedades rurais. Em outubro, nacionaliza as empresas privadas nacionais.
- Em 3 de janeiro de 1961, os Estados Unidos rompem relações diplomáticas com Cuba. No mesmo mês, Cuba assina acordos com a União Soviética de venda de cota açucareira

a preço fixo, independentemente das flutuações do mercado internacional, e de importação de petróleo soviético.

- No dia 15 de abril de 1961, aviões dos Estados Unidos bombardeiam quartéis e aeroportos com a finalidade de destruir aviões cubanos.
- No dia 16 de abril, em concentração popular para velar as vítimas do bombardeio, Fidel Castro proclama, pela primeira vez, publicamente o caráter socialista da Revolução Cubana.
- No dia 17 de abril, produz-se a invasão da Baía dos Porcos.
- Em janeiro de 1962, Cuba é expulsa da OEA.
- Em fevereiro, os Estados Unidos decretam o bloqueio econômico do país, o que inclui a proibição de todas as importações de produtos de origem cubana ou importados através de Cuba.
- Em março, estendem a proibição à importação de produtos fabricados em qualquer país, que contenham total ou parcialmente produtos de origem cubana.
- Em outubro, Kennedy impõe o bloqueio naval, em virtude da instalação de mísseis soviéticos no território do país.

Como podemos observar, várias formas de pressão econômica, política e militar são tentadas nesse breve período de tempo. Como decorrência das rápidas e constantes mudanças políticas e econômicas dos três primeiros anos da revolução, deixam o país 256 mil cubanos, que migram para os Estados Unidos, principalmente para a Flórida. Essa primeira onda será composta principalmente por setores médios e altos da população, levando a um importante déficit de técnicos e profissionais (Furiati, 2003). Por sua vez, o bloqueio econômico implementado pelos Estados Unidos traz graves problemas para o país:

Cuba viu-se obrigada a reorientar seu comércio para regiões distantes, encarecendo, consequentemente, suas exportações e importações: as primeiras se fazem menos competitivas e as segundas provocam fortes egressos no balanço de pagamentos em conceito de transporte de cargas (Morales Dominguez & Ponz Duarte, 1987, p.162).

A presença de Ernesto "Che" Guevara

A partir da segunda metade dos anos 60, a continuidade da dependência do açúcar como principal fonte de divisas oriundas das exportações, embora considerada problemática pelo governo, passa a ser assumida como déficit estrutural, cuja superação demandará pacientes esforços.

Não era essa a percepção nos primeiros anos da revolução, quando foram desenvolvidas diversas políticas que centralizaram os principais instrumentos da gestão econômica nas mãos do Estado, com a criação, em 1960, da Junta Central de Planejamento (Juceplan) e do Banco para o Comércio Exterior de Cuba, e a concentração de esforços na industrialização, na substituição de importações de bens manufaturados e na ampliação da pauta de exportações para além dos produtos primários. O principal impulsionador dessas políticas foi Ernesto "Che" Guevara, que esteve à frente da economia do país entre 1959 e 1965, ocupando os cargos de chefe do Departamento de Indústrias do Instituto Nacional de Reforma Agrária (outubro de 1959), diretor do Banco Nacional de Cuba (novembro de 1959 a fevereiro de 1961) e ministro da Indústria (fevereiro de 1961 a abril de 1965).

Nesses quase cinco anos, a economia cubana passará por diversas experiências, sob o comando de um médico argentino com pouca experiência na sua profissão e escassos conhecimentos econômicos, mas de comprovada capacidade de trabalho, organização, firmeza de ideais e de propósitos. A estratégia que orienta sua atuação merece destaque em três aspectos: assegurar para o país uma alternativa permanente de acesso a mercados, financiamento e abastecimento que compense a ruptura de relações com Estados Unidos; independência econômica autossustentada tendo como suporte principal a industrialização; estabelecimento de uma nova ética nas relações econômicas e sociais pautada pela ideia de solidariedade e espírito comunitário.

No primeiro aspecto, conforme já analisamos neste capítulo, a saída encontrada pelo governo será o estreitamento de relações com o bloco liderado pela União Soviética. Para além dos aspectos comerciais e financeiros, o vínculo permite romper com o isolamento no âmbito regional e contar com o amparo de uma superpotência contra a política desestabilizadora implementada pelos Estados Unidos, num momento interno bastante difícil, em que o governo enfrenta movimentos armados em algumas províncias.

Entre 1959 e 1965, desenvolve-se um forte conflito com setores de oposição ao governo, com grande número de mortos. Nesse período, as organizações armadas que atuam no interior de Cuba são desarticuladas. A primeira manifestação dissidente veio do interior do Movimento 26 de Julho, sob a liderança de Hubert Matos, um dos dirigentes da guerrilha, atuando como chefe militar na província de Camaguey, que envia carta a Fidel Castro renunciando ao cargo em protesto contra a nomeação de Raul Castro, vinculado a posições comunistas, como ministro das Forças Armadas. Paralelamente ao envio da carta, prepara uma rebelião, desarticulada pela rápida ação do governo, culminando com a prisão de Matos. No início dos anos 60, surgiram importantes focos armados na Serra de Escambray, província de Sancti Spiritus, e na província de Las Villas. No primeiro caso, os insurgentes eram remanescentes de grupos moderados da oposição a Batista com forte enraizamento na região, vinculados originalmente à II Frente Nacional de Escambray, liderada por Eloy Gutiérrez Menoyo, do Diretório Estudantil, e por setores do PRC vinculados ao ex-presidente Prío Socarrás. Contra esses focos, foi lançada uma ofensiva das forças governamentais que se estendeu de dezembro de 1960 até março de 1961, com um saldo de 39 baixas e 381 prisioneiros para os grupos rebeldes. Os sobreviventes, pouco mais de duzentos, reorganizaram-se a partir da província de Las Villas, sob a liderança de Osvaldo Ramirez, que no início de 1962 chegou a contar com mais de quinhentos homens, distribuídos em 41 grupos. Nesse ano, o governo promoveu uma nova ofensiva que praticamente desmantelou a oposição organizada, culminando com a morte do próprio Ramirez. Os últimos episódios importantes foram a desarticulação dos movimentos que atuavam nas regiões entre

Trinidad e Sancti Spiritus e na província de Matanzas, entre março e abril de 1963, e o grupo comandado por Eloy Gutierrez Menoyo que, em janeiro de 1965, comanda uma expedição desde a República Dominicana. O grupo desembarca na província de Oriente, onde Menoyo é capturado pelas forças do governo (Gonzalez Arana et al., 2004).

Com a desarticulação dos movimentos armados, as ações de oposição de origem cubana ao governo de Fidel Castro terão sua principal fonte de sustentação na comunidade exilada nos Estados Unidos, especialmente no Estado da Flórida.

A estabilização da frente política interna e o processo de estreitamento de laços comerciais com a União Soviética consolidam um marco de estabilidade mais favorável ao aprofundamento da revolução, primeiro objetivo estratégico da atuação de Guevara. Em relação ao segundo objetivo, a busca de um desenvolvimento autossustentado ancorado na industrialização, os resultados não são tão promissores. As limitações estruturais da economia cubana e as marcas inevitáveis da improvisação e do voluntarismo de uma autoridade pouco versada na ciência econômica, mas de forte capacidade decisória e apelo ideológico, são fatores importantes no baixo desempenho da economia entre 1961 e 1963.

Nas metas apresentadas por Guevara no primeiro plano quadrienal, a busca concomitante do crescimento acelerado, com redução da dependência de produtos importados, a diversificação na produção agrícola e as melhorias sociais nos âmbitos da habitação, emprego e alimentação são um bom exemplo da forte dose de voluntarismo que caracterizava a condução da política econômica nesse momento. Para se ter um exemplo, vale a pena reproduzir os dados apresentados por Jorge Castañeda (1997, p.250), citando documentos do Ministério da Indústria de abril de 1961:

> Adotar uma taxa ... de crescimento de 15% ao ano; alcançar em 1965 a autossuficiência em gêneros alimentícios e matérias-primas agrícolas ... decuplicar a produção de frutas e

outras matérias-primas para a produção de conservas ... construir 25 mil habitações rurais e 25 mil a 30 mil habitações urbanas ... alcançar, no decorrer do primeiro ano do plano, a plena ocupação da força de trabalho ... manter os preços estáveis no varejo e no atacado; produzir 9,4 milhões de toneladas de açúcar em 1965; aumentar o consumo anual de alimentos a uma taxa anual de 12%.

O plano fracassa na obtenção dos principais objetivos econômicos previstos. A diversificação da agricultura vem acompanhada da diminuição da plantação de cana-de-açúcar, cuja produção cai de 6,8 milhões de toneladas, em 1961, para 4,8 em 1962 e 3,8 em 1963. Os êxitos alcançados na melhoria do acesso da população mais pobre ao consumo contribuem para acelerar um quadro de escassez interna, que deve ser compensado com o aumento das importações, num quadro de redução das vendas externas de açúcar em decorrência da quebra da produção.

Conforme reconhece o próprio Guevara, discursando num seminário de planejamento na Argélia, em julho de 1963, o plano quadrienal apresentava fortes discrepâncias com a realidade cubana. Sobre as metas de crescimento, reconhece que "para um país com uma economia baseada na monocultura ... querer 15% era simplesmente ridículo" (Castañeda, 1997, p.260). Em relação à diversificação da produção agrícola, "cometemos o erro fundamental de desprezar a cana-de-açúcar, tentando uma diversificação acelerada que resultou no descuido da cana, e que, junto a uma forte seca que nos castigou por dois anos, provocou uma grave queda na nossa produção açucareira" (ibidem). Sua autocrítica também contempla as metas ambiciosas de distribuição da renda:

> num primeiro momento demos demasiada ênfase ao pagamento de salários mais equitativos, sem analisar o estado real da nossa economia ... em um país onde ainda há desemprego, dá-se o fenômeno da escassez de mão de obra na agricultura e a cada ano temos que criar frentes de trabalho voluntário. (ibidem)

No que se refere ao último ponto mencionado por Guevara, vale a pena destacar os aspectos mais significativos do processo de melhoria na qualidade de vida da população mais pobre que acompanha a revolução desde os primeiros dias, fator fundamental do apoio que recebe o governo há mais de quarenta anos. Após uma campanha de alfabetização que mobilizou mais de trezentos mil jovens, em poucos meses se reduziu o analfabetismo ao nível mais baixo da América Latina, 3,9% da população. Paralelamente à busca de soluções emergenciais para os déficits educacionais, estabelece-se a gratuidade do ensino em todos os níveis, eliminando o setor privado nessa área. Em outros serviços públicos, como a telefonia e a eletricidade, há uma forte redução de tarifas. O controle de preços, aumento do salário mínimo e a diminuição do valor dos aluguéis residenciais melhoram o poder de compra. Com o avanço da reforma agrária, são desencadeadas campanhas em favor do aumento da produção agrícola, associadas à diminuição do desemprego no campo, o que gera um forte aumento do setor assalariado e do consumo (Gonzalez Arana et al., 2004).

Após o reconhecimento dos problemas desencadeados pelo desencontro entre as metas de expansão e os limites estruturais da economia nacional, o governo cubano passa a assumir a crua realidade da dependência da monocultura.

Em outubro de 1963, a segunda reforma agrária adjudica ao Estado todas as terras superiores a 67 hectares, passando a controlar 60% da propriedade agrícola. As cooperativas criadas na primeira reforma são transformadas em granjas do Estado.

Em 21 de fevereiro de 1964, é assinado um convênio de médio prazo com a União Soviética, o qual estabelece garantias de colocação de até cinco milhões de toneladas anuais de açúcar a um preço fixo de US$ 6,11 por libra.

O terceiro aspecto, que levantamos em relação ao papel de Guevara na direção da economia cubana, está ligado com o estímulo ao espírito coletivo da população, compensando as deficiências estruturais do subdesenvolvimento com a mobilização de recursos humanos identificados com o triunfo da revolução.

A discussão sobre a transição ao socialismo destaca a necessidade de substituir as formas capitalistas de incentivo ao crescimento e à produtividade do trabalho baseadas no esforço individual orientado pelo interesse material e pelo desejo de enriquecimento, sob a vigência da lei do valor e a mercantilização das relações sociais. Diante disso, Guevara propõe construir uma ética socialista capaz de gerar o estímulo necessário ao desenvolvimento econômico e social do país, tendo como base a disseminação de um sentimento de solidariedade em que a comunidade não poupa esforços para atingir as ambiciosas metas estabelecidas pelo plano quadrienal, servindo-se de um instrumento de forte efeito simbólico: o incentivo ao trabalho voluntário.

Em texto enviado a Carlos Quijano, do semanário uruguaio *Marcha*, em 12 de março de 1965, Guevara (1965a) destaca:

> A mercadoria é a célula econômica da sociedade capitalista; enquanto existir, seus efeitos se farão sentir na organização da produção e, consequentemente, na consciência ... Para construir o comunismo, simultaneamente com a base material, há de se criar o homem novo... [Nesse sentido] o trabalho deve adquirir uma condição nova: a mercadoria-homem cessa de existir e se instala um sistema que outorga uma cota pelo cumprimento do dever social. Os meios de produção pertencem à sociedade, e a máquina é só a trincheira em que se cumpre o dever. O homem começa a liberar seu pensamento do fato irritante que supunha a necessidade de satisfazer suas necessidades animais mediante o trabalho. Começa a ver-se retratado na sua obra e a compreender sua magnitude humana através do objeto criado, do trabalho realizado. Isso já não implica deixar uma parte do seu ser em forma de força de trabalho vendida, que não lhe pertence mais, mas significa uma emanação de si mesmo, um aporte à vida comum em que se reflete; o cumprimento do seu dever social.

No âmbito da gestão, com a criação do Ministério da Indústria, Guevara passa a controlar áreas-chave da economia, desde as diversas atividades industriais (açúcar, mineração, construção, alimentos, gráficas) até as companhias de eletricidade e telefonia. Com base nessa concentração de poder, implementa um plano de centralização das empresas e eliminação de transações comerciais entre elas, que se transformam em operações contábeis, pelo que denominou Sistema Orçamentário de Financiamento, baseado

> num controle centralizado da atividade da empresa; seu plano e gestão econômica são controlados por organismos centrais, em sua forma direta, não tem fundos próprios nem recebe créditos bancários, e utiliza, em forma individual, o estímulo material, vale dizer, os prêmios e castigos monetários individuais e, em seu momento, utilizará os coletivos, mas o estímulo material direto está limitado pela forma de pagamento da tarifa salarial...

> Negamos a possibilidade do uso consciente da Lei do valor, baseado na não existência de um mercado livre que expresse automaticamente a contradição entre produtores e consumidores; negamos a existência da categoria *mercadoria* na relação entre empresas estatais e consideramos todos os estabelecimentos como parte da única grande empresa que é o Estado (embora, na prática, ainda não ocorra assim no nosso país). (Guevara, 1964)

As posições de Guevara encontram resistências por parte de setores vinculados ao antigo partido comunista, o PSP, especialmente do diretor do Instituto Nacional de Reforma Agrária, Carlos Rafael Rodrigues, que conta com o apoio de economistas marxistas como Charles Bettelheim, defensores de um sistema de gestão baseado no cálculo econômico, menos centralizado, que outorga maior autonomia às empresas, obrigadas a mostrar desempenhos positivos. Nesse modelo, o cálculo das operações deve ser rigoroso e justificar a busca sistemática da rentabilidade por meio de instrumentos como o estímulo econômico à produtividade do trabalho, favorecendo diferenciações salariais.

A saída de Guevara do Ministério em abril de 1965 e a assinatura do acordo com a União Soviética tendem a favorecer as posições dos defensores do cálculo econômico. No entanto, não serão abandonadas suas concepções sobre a centralização da propriedade dos meios de produção nas mãos do Estado.

Em 3 de outubro, Fidel Castro dá a conhecer publicamente a carta de despedida em que o "Che" pondera os motivos da sua mudança de rumos:

> Sinto que cumpri a parte do meu dever que me atava à Revolução cubana em seu território e me despeço de ti, dos companheiros, do teu povo, que já é meu. Faço formal renúncia dos meus cargos na direção do Partido, do meu posto de ministro, do meu grau de comandante, da minha condição de cubano ... Outras terras do mundo reclamam o concurso dos meus modestos esforços ... Até a vitória sempre. Pátria ou Morte! (Guevara, 1965b)

Como primeira ação da nova etapa revolucionária, Guevara se dirige ao Congo, comandando uma expedição em apoio à rebelião das forças de Mulele e do Comitê de Libertação Nacional (CLN). O empreendimento fracassa, em razão, principalmente, da falta de organização das forças de resistência africanas, obrigando-o a retornar clandestinamente a Cuba em março de 1966. Pouco tempo depois se dirige à Bolívia, com o objetivo de consolidar a organização de um foco guerrilheiro capaz de operar como centro de irradiação da revolução pelos demais países da região.

Em novembro de 1966, já tinham entrado clandestinamente em território boliviano mais de vinte cubanos, que acamparam perto da fazenda de Ñancahuazú, em que estava instalado "Che" Guevara. Descoberto pelos serviços de inteligência do país, o grupo passa a sofrer perseguição sistemática a partir de março de 1967, culminando com a captura e posterior assassinato de Guevara em 9 de outubro. No início desse ano, Guevara redige a "Mensagem à Tricontinental", uma carta endereçada aos dirigentes da Organização de Solidariedade dos Povos da África, Ásia e América Latina, criada na Conferência Tricontinental realizada em Havana em janeiro de 1966. Nesse documento, define os lineamentos principais da estratégia de internacionalização da revolução, que orientará a política externa de Cuba durante a segunda metade dos anos 60.

> A América constitui um conjunto mais ou menos homogêneo, e, na quase totalidade do seu território, os capitais monopolistas norte-americanos mantêm uma primazia absoluta. Os governos marionetes, ou, no melhor dos casos, fracos e medrosos, não podem se impor às ordens do amo ianque. Os norte-americanos chegaram quase ao máximo da sua dominação política e econômica, pouco mais poderiam avançar. Qualquer mudança da situação poderia converter-se em um retrocesso na sua primazia. Sua política é mantê-la conquistada. A linha de ação se reduz, no momento atual, ao uso brutal da força para impedir movimentos de libertação de qualquer tipo … Por sua vez, parte das burguesias autóctones perdeu toda a sua capacidade de oposição ao imperialismo e apenas forma seu vagão traseiro. Não há mais mudanças para fazer: ou revolução socialista ou caricatura de revolução. (Guevara, 1967)

Um desdobramento da Conferência Tricontinental será a criação da Organização Latino-Americana de Solidariedade (Olas), que realiza seu primeiro e único congresso em agosto de 1967, em Havana, definindo como objetivos a coordenação dos esforços revolucionários na região, dando apoio logístico, especialmente no que refere a treinamento militar e cobertura de inteligência. No contexto dessa política, o governo cubano fornece apoio a diversas organizações armadas sul-americanas, destacando-se o Movimento Peronista Montonero, da Argentina, o Movimento de Libertação Nacional Tupamaros, do Uruguai, a Vanguarda Popular Revolucionária, o Movimento Revolucionário Oito de Outubro e a Aliança Libertadora Nacional do Brasil (Furiati, 2003).

A radicalização política interna e externa da revolução é acompanhada por um processo de aprofundamento da estatização dos meios de produção. Em 1968, são nacionalizados os setores comerciais urbanos que ainda permaneciam em mãos privadas. A Tabela 2 mostra a evolução do processo de nacionalização na economia cubana.

Tabela 2 – Nacionalização progressiva dos setores econômicos em Cuba (%)

Setores	1961	1963	1968
Agricultura	37	70	70
Indústria	85	95	100
Construção	80	98	100
Transporte	92	95	100
Comércio	52	75	100
Comércio no atacado	100	100	100
Sistema bancário	100	100	100
Educação	100	100	100

Fonte: Rodriguez (1980, p.168).

Com as garantias obtidas no acordo açucareiro com a URSS, é posta em prática uma nova estratégia – na direção contrária à anterior – que coloca o açúcar como eixo dos esforços de crescimento da economia, estabelece ambiciosas metas de produção e prevê uma elevação do volume de 3,8 milhões de toneladas atingido em 1963 para 10 milhões em 1970, último ano de vigência do acordo.

Para atingir a meta, o governo mobiliza todos os recursos ao seu alcance, transformando a safra de 1970 num compromisso coletivo da sociedade cubana com o êxito da revolução, em que a vontade transformadora busca substituir as limitações estruturais do desenvolvimento do país. Apesar de um resultado altamente positivo no aumento da produção, que atinge nesse ano o patamar mais alto da história, 8,5 milhões de toneladas, o não cumprimento da meta proposta deixará como marca o sentimento do fracasso, reconhecido por Fidel Castro, que assume a responsabilidade pelos erros cometidos e revê novamente a estratégia econômica da revolução.

O novo direcionamento, que analisaremos na próxima seção, vem acompanhado de uma política externa de forte alinhamento com a União Soviética. O principal exemplo dessa postura será o envio de tropas para lutar ao lado do Movimento Popular de Libertação de Angola (MPLA) na guerra civil desatada em 1975 e, para a Etiópia, para combater a invasão somali de 1978. Ao longo de dez anos de envolvimento nos conflitos em Angola, Cuba enviou mais de duzentos mil soldados. Para a Etiópia, foi destacado um contingente de quarenta mil (Furiati, 2003).

O alinhamento com a política externa soviética foi acompanhado por uma postura independente na América Central e Caribe, onde Cuba apoiou governos revolucionários, enviando técnicos, profissionais e militares à Nicarágua e Granada nos anos 80.

A INSTITUCIONALIZAÇÃO DA REVOLUÇÃO

Paralelamente ao processo de radicalização política e ideológica da revolução, surgem diversas iniciativas organizacionais que buscam expressar a participação de amplos setores na construção do socialismo. O ano de 1960 foi profícuo na criação de organizações sociais. Entre as principais, destacam-se a Associação de Jovens Rebeldes, na qual se fusionam o Diretório Revolucionário 13 de Março e a juventude do Partido Socialista, dois grupos que apoiavam a revolução e que, em 1962, passam a denominar-se União de Jovens Comunistas (UJC), integrada ao Partido Comunista. A Federação de Mulheres Cubanas (FMC), na qual convergem diferentes organizações femininas, busca promover a igualdade da mulher na sociedade, contando com uma estrutura territorial de representações municipais, provinciais e nacionais, e estreitas vinculações com as organizações de base comunitária. Os Comitês de Defesa da Revolução (CDR), que adquirem destaque na defesa do país na invasão da Baía dos Porcos de 1961, voltam-se principalmente para a vigilância, enfrentamento das ilegalidades, prevenção social, saúde. Da mesma forma que a FMC, têm uma estrutura territorial, com representações em quadras, bairros, municípios, províncias e nação. Atualmente, os CDR contam com 7.905.967 membros, que correspondem a 92,5% da população acima de 14 anos – idade mínima exigida – distribuídos em 125.459 comitês e 16.472 bairros (CDR, 2004). As Escolas de Instrução Revolucionária passam a formar militantes dentro do espírito do estudo aprofundado das ideias da revolução e do socialismo. O Bureau de Coordenação de Atividades Revolucionárias cria as bases da formação de um partido unificado da revolução, a partir da confluência do Movimento 26 de Julho, do Diretório Revolucionário e do Partido Socialista Popular. Esse processo culmina com a criação, em 1965, do Partido Comunista Cubano (PCC).

Com a realização do I Congresso do PCC em 1975 e a aprovação por referendo nacional, em 1976, de uma nova Constituição, a Revolução Cubana se institucionaliza. Nesse mesmo ano, e com base na lei fundamental, realizam-se as primeiras eleições nacionais desde a ascensão ao poder do governo revolucionário.

Em termos formais, até esse momento o país regia-se pela Lei Fundamental da República de 1959, sancionada pelo Conselho de Ministros nomeado pelo presidente Manuel Urrutia Lleó.

Da mesma forma que a Constituição de 1940, a Lei Fundamental de 1959 garantia a divisão de poderes, no entanto, concentrava no Poder Executivo as atribuições legislativas e constituintes, criando, conforme destaca De La Cuesta (2001, p.100), um superpoder.

> Esse superpoder era composto pelo presidente da República, um primeiro-ministro, os ministros dos diferentes ramos estabelecidos na Constituição de 1940, assim como por outros ministérios. Os ministros eram nomeados pelo presidente da República e este por aqueles, e não estava prevista a possibilidade de depor o chefe do Estado. Declarava-se independente ao Poder Judiciário, mas pouco a pouco, por sucessivas reformas constitucionais, foi sendo submetido cada vez mais ao Executivo.

O cargo de primeiro-ministro será ocupado por Fidel Castro. Embora na hierarquia formal sua posição estivesse num escalão inferior em relação ao primeiro mandatário, na hierarquia real do poder decisório haverá uma inversão permanente. Durante o período de vigência da Lei de 1959, as principais capacidades executivas não estarão na presidência.

Manuel Urrutía Lleó exerce o cargo durante seis meses, renunciando em 16 de julho em razão de divergências em relação aos rumos tomados pela revolução após a reforma agrária – que tem *status* constitucional, como parte da Lei Fundamental de 1959 – e por causa da deterioração das relações com os Estados Unidos, concomitante a uma crescente aproximação da União Soviética. É substituído por Osvaldo Dorticós Torrado, antigo militante do Partido Socialista Popular, que exerce o mandato até 2 de dezembro de 1976, quando Fidel Castro assume a presidência, depois de eleito com base na nova Constituição.

Acompanhando as mudanças na economia, na política e nas relações internacionais do país, a Constituição de 1976 define nessas áreas parâmetros similares aos que vigoravam na época nos países do Leste Europeu:

> Artigo 1º – A República de Cuba é um Estado socialista de operários e camponeses e demais trabalhadores manuais e intelectuais.
>
> Artigo 5º – O Partido Comunista de Cuba, vanguarda organizada marxista-leninista da classe operária, é a força dirigente superior da sociedade e do Estado, que organiza os esforços comuns para os elevados fins da construção do socialismo e o avanço em direção à sociedade comunista.
>
> Artigo 11º – A República de Cuba forma parte da comunidade socialista mundial, o que constitui uma das premissas fundamentais da sua independência e desenvolvimento em todas as ordens.
>
> Artigo 15º – A propriedade estatal socialista, que é a propriedade de todo o povo, estabelece-se irreversivelmente sobre as terras que não pertencem aos pequenos agricultores ou a cooperativas integradas por estes; sobre o subsolo, as minas, os recursos marítimos naturais e vivos dentro da zona da sua soberania, os bosques, as águas, as vias de comunicação; sobre as

centrais açucareiras, as fábricas, os meios fundamentais de transporte, e quantas empresas, bancos, instalações e bens têm sido nacionalizados e expropriados aos imperialistas, latifundiários e burgueses, assim como sobre as granjas do povo, fábricas, empresas e instalações econômicas, sociais, culturais e esportivas construídas, fomentadas ou adquiridas pelo Estado e as que construa no futuro, fomente ou adquira.

Artigo 16º – O Estado organiza, dirige e controla a atividade econômica nacional de acordo com o Plano Único de Desenvolvimento Econômico-Social. (Constitución de la República de Cuba, 1981)

O sistema econômico

Entre os aspectos destacados na referência anterior à Constituição, dois merecem especial atenção na avaliação das características que assume o desenvolvimento do país a partir de 1976: a institucionalização do sistema de planejamento central com base em planos quinquenais e a participação no Conselho Econômico de Ajuda Mútua (Came), que reunia o bloco de países liderado pela ex-União Soviética. De acordo com Fernandes & Pla (1986, p.46):

> A progressiva incorporação de Cuba às atividades conjuntas do Came se realiza dentro dos marcos do Programa Complexo de Aprofundamento e Aperfeiçoamento da Colaboração e Integração Econômica Socialistas. O Programa Complexo constitui o plano-diretor do desenvolvimento a longo prazo da atividade econômica e técnico-científica dos países-membros do Came.

A integração das economias de acordo com os parâmetros de divisão internacional do trabalho, delineada a partir do Programa Complexo, requer uma ação coordenada das políticas econômicas do conjunto dos países-membros, o que se efetiva no momento da formulação das metas e dos objetivos dos planos quinquenais. Cuba iniciou sua participação formal no Came em 1972, porém precisou realizar um conjunto de mudanças institucionais que lhe permitissem a integração plena dentro do sistema, o que acontece efetivamente com a Constituição de 1976, ano de início do primeiro plano quinquenal.

No novo contexto, a indústria passa a ser considerada eixo central da estratégia de desenvolvimento. O perfil que se pretende para a industrialização leva em conta dois aspectos principais: as características estruturais da economia cubana, considerando os efeitos gerados pelas políticas implementadas entre 1959-1975, e a integração nos marcos do sistema econômico do Came.

Em relação ao primeiro aspecto, os indicadores no período 1959-1975 mostram a seguinte evolução: o Produto Social Global (PSG) – conceito que mede o produto bruto de acordo com os parâmetros de uma economia centralmente planejada – cresce a uma média anual de 4,1% entre 1962-1970 e de 12% entre 1970-1974. Na estrutura do PSG, a indústria passa a representar 41% em 1974, contra 25% antes da revolução, e a agricultura se reduz de 30% para 10,1% no mesmo período. No interior da indústria, o setor de bens de produção representa 36,6% e o de bens de consumo 63,4% (Rodriguez, 1980).

Apesar desses avanços, bastante significativos, devemos levar em consideração o estágio anterior do setor industrial cubano, extremamente precário, conforme mostra a Tabela 3:

Tabela 3 – Cuba produção de bens de consumo duráveis

Produtos	1958	1974
Geladeiras	Não produzia	42.000
Rádios	"	24.000*
Televisores	"	20.000
Fogões domésticos	"	145.000
Panelas de pressão	"	414.000*
Ônibus	"	1.249

Fonte: Rodriguez (1980, Quadro 6).

* Dados de 1973.

Na agricultura, além das mudanças na estrutura da propriedade decorrentes das duas reformas agrárias, a produção aumenta em torno de 40% entre 1962 e 1974, com um grande avanço na mecanização da colheita de cana-de-açúcar, que atinge 19% do total, e 77% são semimecanizados e 4% manuais, contra 100% em 1958. Nos setores de energia, transporte e comunicações, a taxa média de crescimento entre 1962 e 1974 é de 8,4%, melhorando notavelmente a infraestrutura da produção.

Os indicadores sociais mostram a maior evolução do período: erradica-se o desemprego; na educação a escolaridade infantil atinge 100% nas idades de seis a 12 anos, o ensino primário cresce 2,7 vezes, o secundário 6,1 e o universitário 5,5 vezes; na área da saúde, a mortalidade infantil passa de sessenta crianças por mil nascimentos até 1959 para 28,9 por mil em 1974, e a expectativa de vida eleva-se de menos de 55 anos para 70.

Em relação ao comércio exterior, o açúcar continua representando o principal produto de exportação, mantendo-se num nível similar ao do período anterior à revolução, de 75% do total exportado. A principal mudança nessa área é na orientação geográfica do intercâmbio. Em 1958, os Estados Unidos representavam 69% e os países do Came 1%; em 1974, o comércio com os EUA já não existe e os países do Came representam 66%.

Com a integração ao Came, a definição do perfil do desenvolvimento industrial passa a orientar-se pelos princípios que regem esse sistema, a fim de possibilitar a organização do

> sistema de relações socialistas de produção... Para isso, deve-se desenvolver, preferencialmente, a indústria de construção de maquinaria e o potencial científico-técnico que assegure seu desenvolvimento permanente e acelerado.
>
> Não se trata de qualquer desenvolvimento da indústria mecânica. Em primeiro lugar, deve-se desenvolver a produção de maquinaria e equipamentos para os ramos ou produtos em cuja produção está especializado o país nos marcos do Came.
>
> Deve-se também produzir o equipamento para aqueles ramos em que, por não haver nenhum outro país socialista especializado na sua produção, apresente-se a alternativa de produzi--lo ou importá-lo dos países capitalistas. Essa última via deve ser tomada somente em casos excepcionais. (Garcia, 1987, p.119)

A adoção desses mecanismos de integração teve influência significativa na definição do perfil do desenvolvimento cubano, tanto em seus aspectos positivos como negativos.

Entre 1975 e 1985, o PSG cresce a um ritmo anual de 6,7%, o que representa um aumento total de 191,3%. O produto social bruto por habitante teve um aumento de 76,2% no mesmo período. Nessa evolução positiva dos indicadores, o desenvolvimento do setor industrial teve grande influência. Isso se deve à nova política de investimentos inaugurada com o I Plano Quinquenal, que dá prioridade à indústria, com destaque para o setor de bens de produção, que passa a receber 60% do total, contra 20% do setor de bens de consumo e 20% da indústria açucareira. A ênfase nos bens de produção objetiva a substituição de importações originárias das economias capitalistas; a melhoria da capacidade de produção interna dos produtos de exportação, com destaque para o açúcar e o níquel; a garantia do abastecimento nacional no setor de alimentos, e a melhoria da infraestrutura de transportes (marítimo e terrestre) e de energia elétrica.

Em relação ao desenvolvimento tecnológico, os investimentos em educação e em pesquisa e desenvolvimento, junto ao acesso a programas de capacitação na União Soviética, permitiram ao país consolidar o potencial científico nacional para operar em áreas de ponta como a medicina e a indústria farmacêutica, em que Cuba adquiriu capacidade autônoma de desenvolvimento e produção de vários medicamentos, o que representa uma perspectiva de diversificação das exportações para países do Terceiro Mundo. Na área de tecnologia para a indústria açucareira, o país atingiu um lugar de destaque no cenário internacional.

No comércio exterior, as exportações crescem a uma média anual de 7,3% entre 1975 e 1985, e o açúcar participa com 75% do total. A reexportação do petróleo soviético, de derivados de petróleo, de fumo, níquel, frutas cítricas e peixe fresco completa o leque de itens principais das exportações cubanas. O processo de industrialização levará a um aumento crescente das importações de equipamentos e insumos, acima da capacidade de financiamento obtida com as exportações. O valor das importações, para o mesmo período, cresce a uma média anual de 9,9%, gerando déficit na balança comercial.

Como podemos extrair dos dados anteriores, a agroindústria compõe a parte principal do setor industrial. No que se refere a financiamento das importações, o complexo açucareiro representa a base de apoio.

A dependência do financiamento externo da economia cubana em relação ao açúcar, um produto com vários concorrentes no mercado internacional – a cana-de-açúcar cresce praticamente em todas as áreas tropicais e subtropicais – e com preços instáveis, limita bastante a capacidade de planejamento de médio prazo. A instabilidade dos preços ao longo das décadas de 1970 e 1980 levou o país, por causa da manutenção do programa de investimentos na indústria, a contrair empréstimos com bancos internacionais e a ampliar o intercâmbio comercial junto ao Came, na perspectiva de diminuir a dependência do mercado capitalista, beneficiando-se de um sistema que funcionava à base de preços controlados. No final dos anos 80, o comércio com esses países chega a 80%.

As relações comerciais entre Cuba e a União Soviética eram regidas por um sistema de mútuas compensações. A parte principal dos pagamentos do açúcar exportado era feita à base de créditos em rublos apenas utilizáveis para a compra de produtos soviéticos. Isso significava a garantia para ambas as partes de colocação das suas exportações em mercados protegidos da concorrência.

Mesmo com os problemas já apontados, Cuba consegue manter um crescimento sustentado da economia entre 1975 e 1985. A partir de 1986, inicia-se uma fase de crescentes dificuldades, em várias frentes, que incidem diretamente no desempenho econômico do país: o aumento dos juros da dívida externa, paralelamente à queda dos preços do açúcar, leva a decretar uma moratória, o que vai limitar o acesso a novos créditos; sob o governo Reagan, o bloqueio dos Estados Unidos se acentua;

as mudanças no Leste Europeu, no fim da década de 1980, geram fatores adicionais de incerteza associados com a abrupta e imprevista extinção do Came.

Cuba passa a compartilhar de vários problemas que afetam os países latino-americanos. O principal deles é a vulnerabilidade externa, que a inserção no sistema do Came tinha amenizado. Antes de entrar nesse ponto, deter-nos-emos brevemente na análise comparada do desempenho da economia cubana em relação à América Latina e ao Sudeste Asiático no período da guerra fria.

Entre 1960 e 1985, o crescimento médio do PIB *per capita* foi de 3,5%, contra 1,8% no resto da América Latina (Zimbalist & Brundenius, 1989). Na chamada "década perdida" dos anos 80, Cuba foi o país que mais cresceu, com uma variação acumulada, entre 1981 e 1990, de 44,2% do PSG e 31,6% do PSG *per capita*, contra 12,4% e -9,6%, respectivamente no conjunto da América Latina (Cepal, 1990).

Quanto à distribuição de renda, os 40% mais pobres da população detêm 26%, contra 7,7% no conjunto da América Latina, e os 10% mais ricos detêm 20,1%, contra 47,3% na América Latina (Zimbalist & Brundenius, 1989).

O contraste resulta de grande utilidade para a compreensão dos problemas enfrentados por Cuba com a crise do Leste Europeu. Por causa do bloqueio dos Estados Unidos, o país se viu obrigado a reformular radicalmente suas relações internacionais. O ingresso no Came permitiu a Cuba iniciar um processo de desenvolvimento integrado à divisão internacional do trabalho do bloco liderado pela URSS. Isso trouxe vantagens e problemas. Entre as vantagens, a garantia de mercados para os seus produtos, com certa estabilidade nos preços; o abastecimento de bens manufaturados; matérias-primas e o acesso à tecnologia. Entre os problemas, a aceitação de parâmetros de integração baseados na especialização, que no caso de Cuba significou a prioridade na agroindústria direcionada, em grande parte, para o complexo açucareiro; um horizonte estreito no que se refere a critérios de produtividade e competitividade, limitado a países com um parque industrial e tecnológico considerado atrasado em comparação ao capitalismo central e que, no entanto, representou a principal referência de desenvolvimento. Quando se desencadeia a crise no setor externo, em meados dos anos 80, Cuba acentua sua associação com esses mercados, chegando a compor 85% do seu comércio exterior, justamente no momento em que o Came desaparece.

Após o fim da guerra fria, o bloqueio dos Estados Unidos se amplia, e Cuba já não dispõe das vantagens oferecidas anteriormente pelo Came e do respaldo político da ex-União Soviética; inicia-se o "período especial em tempos de paz", denominação do governo cubano para o novo contexto enfrentado pelo país, considerado o mais difícil desde 1959. Alguns indicadores do período 1989-1993, o mais agudo da crise, dão uma dimensão do quadro de dificuldades:

Tabela 4 – Indicadores econômicos básicos de Cuba, 1989-1993 (em bilhões de pesos)

	1989	1993	Mudança percentual
Produto Nacional Bruto (PNB)	27,2	15,95*	-41,4%
Produto Interno Bruto (PIB)	19,6	12,8	-34,4%
PIB *per capita* (em pesos)	1.865,00	1.177,00	-36,9%
Ajuda soviética/Came	6,0	0	-100%
Déficit do orçamento estatal	1,4	4,8	+243%
Transações do comércio exterior (total de importações e exportações)	13,5	3,4	-75%

Fonte: Dados oficiais cubanos apresentados por Erisman (2002, tabela 1).
* O PNB estimado oscilou entre 12,5 bilhões e 19,4 bilhões. Aqui se utiliza a média desses dois valores.

A situação enfrentada pelo país tem reflexos diretos no aumento da emigração ilegal para os Estados Unidos, principalmente por meio de barcos contratados desde a Flórida ou por embarcações de natureza precária construídas pelos próprios fugitivos (balseiros), que atingem 2.203 pessoas em 1991, 2.557 em 1992 e 3.656 em 1993, culminando com a crise de 1994, em que se desencadeiam diversos acontecimentos sucessivos que levam a um aumento vertiginoso das saídas, que atingem 33 mil pessoas no final de agosto (Furiati, 2003).

No dia 5 desse mês, Fidel Castro enfrentará a primeira grande manifestação de protesto do seu governo, a qual chega ao fim graças à sua intervenção direta, quando decide ir ao encontro da população circundado apenas por sua escolta, estabelecendo um diálogo direto que consegue amainar os ânimos dos mais exaltados. No dia 11 de agosto, o governo Clinton anuncia que outorgará cidadania aos cubanos que decidam sair do país, independentemente do motivo, o que contribui para aumentar significativamente o número de fugitivos.

Ante a dramaticidade que adquire o problema, principalmente pela situação enfrentada por boa parte dos balseiros, cujas embarcações não conseguem chegar ao destino, tendo que ser resgatadas em alto-mar pela guarda costeira americana, os dois governos estabelecem negociações para um novo acordo de migração, pelo qual os Estados Unidos passam a regularizar a concessão de vinte mil vistos anuais em razão de reunificação familiar ou sorteio, concordando com a devolução a Cuba dos balseiros resgatados em águas internacionais (Gonzalez Arana et al., 2004).

Após esse período crítico, o país inicia uma fase de recuperação econômica, com uma média de crescimento anual de 3,4% entre 1994 e 2003, contra 2,31 para o conjunto da América Latina e o Caribe (Cepal, 2003a). Essa recuperação é impulsionada em grande parte pelas mudanças na economia promovidas com a reforma constitucional de 1992, que autoriza formas de propriedade com participação de setores não estatais, pela lei de investimentos estrangeiros de 1995, que estimula a participação do capital internacional no desenvolvimento do país e pela reorientação das relações econômicas internacionais, buscando ampliar as opções de comércio exterior.

Em relação às mudanças internas, as reformas seguem os lineamentos adotados por outros países socialistas, como China e Vietnã, na direção de uma economia que combine diversas formas de propriedade. Nesse novo contexto, abrem-se oportunidades para a entrada do capital estrangeiro nas indústrias extrativas e do turismo, cidadãos do país passam a obter permissão para abrir pequenos empreendimentos privados, o dólar é liberado para uso corrente nas transações comerciais, e se autoriza aos camponeses a venda em mercados públicos de parte da sua produção, com o objetivo de ampliar a capacidade produtiva da agricultura.

O setor mais beneficiado pelas reformas será o turismo, que passa a funcionar como principal polo de atração de investimentos, captação de divisas e geração de novos empregos. O número de turistas, que em 1986 alcançava a duzentos mil, passa a um milhão e meio em 1999 e dois milhões em 2003.

O açúcar, setor tradicionalmente mais forte da economia nacional, passa a ser afetado por diversos problemas. Com o fim do bloco soviético, o país passa a vender o produto no mercado mundial, perdendo as vantagens do sistema protegido do Came e tendo que enfrentar grandes concorrentes como Austrália, Brasil e Tailândia, que protagonizaram importantes avanços na modernização do setor. Contrariamente, Cuba enfrentou as restrições financeiras do período especial, penalizando a capacidade importadora de insumos essenciais, como fertilizantes e combustíveis, o que afetou sua competitividade internacional. Como assinala Oscar Zanetti (2001, p.20): "de um topo de 8,4 milhões de toneladas em 1990, a produção desceu à metade em 1994".

Em 2002, a crise da economia açucareira leva a um processo de reestruturação que contempla quatro aspectos principais: 1º diminuição do número de engenhos, com o fechamento de setenta dos 155 existentes, e cinquenta já tinham deixado de funcionar; 2º diminuição de 1,38 milhão de hectares da área destinada para plantio de cana-de-açúcar (62%), para ser direcionada a outros empreendimentos agropecuários; 3º redução de 25% do número de trabalhadores empregados, que passa de quatrocentos mil a trezentos mil; 4º os cem mil trabalhadores desempregados continuarão recebendo seus antigos salários, enquanto recebem cursos de capacitação e passam a exercer outros ofícios.

Na safra de 2003, a produção atingiu um dos valores mais baixos da história do país, chegando a 2,2 milhões de toneladas (Gonzalez Arana et al., 2004).

No plano das relações comerciais, Cuba consegue ampliar substancialmente seu intercâmbio com Europa e o continente americano, especialmente com o Canadá, principal parceiro individual na região, e com a América Latina e Caribe. Em relação a esta região, o salto é bastante significativo, passando de 6% em 1989 para 30% em 2000 (Oliva, 2002).

A mudança nas relações comerciais com a América Latina e o Caribe assume especial relevância, tendo em vista uma tendência histórica marcada por um baixo nível de intercâmbio, que chegava a 7,8% em 1958 (Marquetti Nodarse, 2002). Paralelamente a esse salto quantitativo no comércio, Cuba passa a participar em diversos processos de integração da região. Em 1999, ingressa na Associação Latino-americana de Integração (Aladi) e, em 2000, assina um Acordo de Comércio e Cooperação com a Comunidade do Caribe (Caricom) (ibidem).

A abertura econômica promovida pelas reformas constitucionais também está trazendo progressos importantes num campo em que Cuba sempre foi deficitária: o energético. Enquanto existiu a União Soviética, o país recebia 250 mil barris diários de petróleo a preços preferenciais. Em 1991, sua produção não chegava aos dez mil barris diários, sofrendo de forma drástica com a interrupção do fornecimento por parte da antiga URSS. No entanto, com iniciativas próprias associadas às novas parcerias com o capital externo, conseguiu aumentar sensivelmente sua produção, que atinge atualmente 75 mil barris, o que cobre a metade das necessidades de consumo interno (Frank, 2004).

Esse progresso, embora significativo, parece pequeno ante as perspectivas que se abriram para o país em 2004, com prospecções apresentadas pela empresa espanhola Repsol/YPF, que apontam para a existência de grandes reservas nas águas cubanas do Golfo do México. Pelo volume de recursos que a empresa está investindo, 1,5 bilhão de dólares em cinco anos, há boas possibilidades de que a ilha se torne a médio prazo uma nação exportadora de petróleo (*The Economist*, 2004). Como parte desse investimento, considerado de risco, a Repsol/YPF já está pagando à empresa da Noruega Ocean Rig ASA 195 mil dólares diários pela utilização de uma plataforma semissubmersa Eirik Raude, fabricada nos Estados Unidos, considerada uma das maiores do mundo na sua modalidade (Frank, 2004).

A confirmação da existência de grandes reservas de petróleo em águas territoriais cubanas terá desdobramentos nas relações com Estados Unidos, já que as empresas do setor serão prejudicadas em relação às dos países que não levam em consideração o bloqueio à ilha. Isso foi claramente explicitado pelo representante do governo cubano na primeira rodada comercial de negócios Cuba-Estados Unidos de 2004, realizada em Havana em abril, que contou com a presença de mais de quatrocentos empresários e autoridades de trinta Estados norte-americanos.

Nessa reunião, foi anunciado o início da perfuração do primeiro poço petrolífero nas águas do Golfo do México a cargo da empresa Repsol. O tamanho da área que corresponde a Cuba nessa região é de 112 mil quilômetros quadrados, com 59 blocos numa profundidade entre mil a três mil metros. Para a exploração de uma parte desses blocos, já há contratos com empresas europeias, e as autoridades cubanas deixaram explícito que não há restrições à participação de companhias norte-americanas. Neste campo, o problema foi transferido para o âmbito de negociações entre o governo dos Estados Unidos e os empresários do país (Granma, 2004).

A seguir, apresentamos quatro tabelas que ilustram a evolução de alguns indicadores econômicos e sociais de Cuba no período de 1994-2003, comparativamente a outros países latino-americanos com maior grau de industrialização e disponibilidade de recursos naturais.

Tabela 5 – Dívida externa bruta total (em milhões de dólares)

	1994	1995	1996	1997	1998	1999	2000	2001	2002	2003[a]
Argentina	85.656	98.547	110.613	125.052	141.929	145.289	146.575	140.273	134.200	140.400
Brasil	153.572	165.447	186.531	208.376	259.496	241.468	236.156	226.067	227.689	235.000
Chile	21.768	21.736	26.272	29.034	32.591	34.758	37.177	38.538	40.956	42.400
Cuba	9.083	10.504	10.465	10.146	11.209	11.078	10.961	10.893	10.900	11.000
México	139.800	165.600	157.200	149.028	160.258	166.381	148.652	144.534	141.601	140.300
Venezuela	40.998	37.537	34.117	33.710	31.457	33.723	32.786	32.437	32.290	32.000

Fonte: Cepal, 2003a, p.158.
[a] Dados Preliminares.

Tabela 6 – Relação entre a dívida externa bruta total e as exportações de bens e serviços (em porcentagens)

	1994	1995	1996	1997	1998	1999	2000	2001	2002	2003[a]
Argentina	509	444	442	460	468	528	451	435	490	428
Brasil	338	354	397	439	409	428	350	337	336	284
Chile	150	136	144	150	171	177	165	181	190	168
Cuba	–	346	276	255	271	257	229	236	257	262
México	233	176	140	132	129	100	80	81	79	78
Venezuela	212	164	133	125	176	147	93	117	115	124

Fonte: Cepal, 2003a, p.159.
[a] Dados Preliminares.

Tabela 7 – Desemprego urbano (taxas médias anuais)

	1994	1995	1996	1997	1998	1999	2000	2001	2002	2003[a]
Argentina	11,5	17,5	17,2	14,9	12,9	14,3	15,1	17,4	19,7	15,6
Brasil	5,1	4,6	5,4	5,7	7,6	7,6	7,1	6,2	11,7	12,4
Chile	7,8	7,4	6,4	6,1	6,4	9,8	9,2	9,1	9,0	8,5
Cuba	6,7	7,9	7,6	7,0	6,6	6,0	5,5	4,1	3,3	3,0
México	3,7	6,2	5,5	3,7	3,2	2,5	2,2	2,5	2,7	3,2
Venezuela	8,7	10,3	11,8	11,4	11,3	15,0	13,9	13,3	15,8	18,2

Fonte: Cepal, 2003a, p.161.
[a] Dados Preliminares.

Tabela 8 – Desenvolvimento humano e bem-estar social

	Argentina	Brasil	Chile	Cuba	México	Venezuela
Classificação no Índice de Desenvolvimento Humano (2001)[1]	34	65	43	52	55	69
Analfabetos com 15 ou mais anos (2000) %	3,1	14,7	4,3	3,6	9,0	7,0
Matrícula no 1° grau (1997) %[2]	114	125	101	101	114	94
Matrícula no 2° grau (1996) %[3]	71	56	81	80	67	27
Matrícula no 3° grau (1994) %[4]	39	11	27	13	15	29
Gasto público educacional (1995)[5]	3,9	4,5	3,3	6,3	4,9	4,4
Gramas de proteínas/dia por pessoa (1995)	97	74	79	52	82	61
Acesso da população à água potável (1995) %	65	74	91	91	83	79
População com acesso a saneamento (1995) %	75	62	81	86	77	72

[1] Dados das Nações Unidas (PNUD, 2003, p.237-8). O índice é composto com base em dados sobre esperança de vida ao nascer, taxa de alfabetização de adultos, taxa bruta combinada de matrícula no ensino primário, secundário e terciário, PIB *per capita* de acordo com a Paridade do Poder Aquisitivo (PPA).

[2] [3] [4] [5] Dados da Cepal (2003b – Quadros 33, 35, 36, 37, 41, 45).

[2] e [3] Total de matriculados com base na população do grupo de idades correspondente, multiplicado por cem.

[4] Total de matriculados dividido pela população de 20 a 24 anos.

[5] Porcentagem do Produto Bruto Interno a preços correntes.

O REGIME POLÍTICO

Além dos aspectos econômicos assinalados na seção anterior, a reforma constitucional de 1992 traz diversas mudanças políticas em relação à carta de 1976. No novo texto, as referências às relações com o antigo bloco socialista são substituídas pelo apoio "ao internacionalismo proletário, à amizade fraterna, à ajuda, à cooperação e à solidariedade dos povos do mundo, especialmente os da América Latina e do Caribe". No âmbito da reivindicação de antecedentes no pensamento revolucionário, a anterior invocação do marxismo-leninismo dá lugar ao "ideário de José Martí e as ideias político-sociais de Marx, Engels e Lenin" (Constitución de la República de Cuba, 1992).

Outras mudanças importantes referem-se às relações do Partido Comunista com a sociedade. O PCC perde sua natureza classista, como vanguarda do proletariado, para transformar-se em "vanguarda organizada da nação cubana". Pelo novo sistema eleitoral criado pela reforma constitucional, o Partido deixa a presidência nas comissões que definem candidaturas, abrindo espaço para a central sindical e para as organizações sociais, o que favorece um maior contato entre os candidatos e os eleitores. Nesse sentido, há uma valorização das organizações não estatais surgidas após o triunfo da revolução, "que agrupam em seu seio diversos setores da população, representam seus interesses específicos e os incorporam às tarefas da edificação, consolidação e defesa da sociedade socialista" (ibidem).

Outra mudança importante refere-se ao reconhecimento, por parte do Estado, do respeito e da garantia da liberdade religiosa. A nova postura no tratamento da religião foi um fator importante na decisão do papa João Paulo II de visitar o país em janeiro de 1998.

A inclusão de José Martí entre as referências da revolução é coerente com a definição do caráter nacional do partido. Reivindica-se uma trajetória cujo início remete à luta independentista contra Espanha, e que se afirma a partir da segunda metade do século XX na luta pela autodeterminação do país ante o intervencionismo norte-americano. O Partido Comunista, ao assumir-se como vanguarda nacional, torna-se o depositário dessa tradição.

As referências combinadas de Martí, Marx e Lenin não são um reconhecimento tardio após o fim da União Soviética. Em 2 dezembro de 1961, Fidel Castro (1982, p.258) pronunciou o primeiro discurso em que o anti-imperialismo martiniano e o marxismo aparecem de mãos dadas:

> Qual é o mérito de Martí, o que nos admira de Martí? Martí era marxista-leninista? Não, Martí não era marxista--leninista. Martí disse de Marx que, dado que se colocou do lado dos pobres, tinha todas as suas simpatias. Porque a revolução de Cuba era uma revolução nacional, libertadora ante o poder colonial espanhol; não era uma revolução que fosse uma luta social, era uma luta que perseguia primeiro a independência nacional ... E que outra visão teve Martí? Uma visão também genial no ano de 1895. Teve a visão do imperialismo norte--americano, quando o imperialismo norte-americano ainda não havia começado a ser imperialismo. Isso se chama ter visão política de largo alcance.

É justamente no vínculo entre libertação nacional e social que se enraíza a reivindicação da reforma constitucional de uma trajetória histórica coerente da revolução, cujo projeto permanece inacabado enquanto não se concretizam as condições para um desenvolvimento autônomo, sem interferências externas.

Em 2002, num marco fortemente influenciado pela radicalização de posições do presidente George W. Bush em relação ao país, que lança em maio a *Iniciativa para uma nova Cuba*, que será abordada no próximo capítulo, o governo submete à Assembleia Nacional Popular uma proposta de reforma constitucional cujo principal objetivo é tornar irrevogável o sistema socialista. Após referendo popular com 97,7% de votos favoráveis e a aprovação por unanimidade da Assembleia em 26 de julho, a nova lei estabelece que

> Como sistema político e social revolucionário estabelecido nesta Constituição, o socialismo, que sempre resistiu às

agressões de todo tipo e à guerra econômica dos governos da potência imperialista mais poderosa, e que demonstrou sua capacidade de transformar o país e criar uma sociedade inteiramente nova e justa, é irrevogável. Cuba não retornará jamais ao capitalismo. (Constitución de la República de Cuba, 2002)

4. A guerra fria contra Cuba: uma história sem fim?

Para os governos dos Estados Unidos eleitos após o fim da guerra fria, a emergência do país como única superpotência global tem como principal significado histórico a inauguração de um período inédito de paz e prosperidade, em favor do qual colocam em prática uma política externa concebida como ação afirmativa na promoção de princípios humanos de convívio considerados universais: a democracia liberal e a economia de mercado.

Como vimos anteriormente, as políticas adotadas na América Latina e no Caribe no período da guerra fria se pautaram pela combinação de pressões econômicas em favor da promoção da abertura dos mercados nacionais ao capital estrangeiro e combate aos regimes nacionalistas e de esquerda, que expressariam as escolhas "erradas" para lidar com os desafios do desenvolvimento. Como resultado, promoveram a disseminação de governos aliados (militares ou não) na agenda global contra o comunismo.

Essa política obteve sucesso em vários países. Entre os anos 1960-1980, assistimos à derrota militar da esquerda armada, com desdobramentos na repressão a todas as formas de oposição, pacíficas ou não, e à paulatina substituição das políticas econômicas de cunho nacionalista pela implementação de uma agenda de liberalização econômica.

Nos anos iniciais do pós-guerra fria, mudam as três principais percepções sobre a região que, desde os primeiros anos da Doutrina Monroe, justificavam as políticas intervencionistas: um conjunto de países estruturalmente problemáticos, incapazes de definir um rumo estável na direção da liberdade política e econômica, cujas fragilidades tendem a gerar situações propícias às ambições hegemônicas de potências extracontinentais. Num texto de 1993, Elliot Abrams, subsecretário para Relações Interamericanas do governo Reagan e assessor de George W. Bush no Conselho de Segurança Nacional, argumenta nessa direção. Para ele, após a derrota da União Soviética, o conceito de Hemisfério Ocidental deve ser atualizado.

> Pela primeira vez na história dos EUA, não há nenhuma ameaça de intervenção externa nesta região. A questão-chave que permanece é se os Estados Unidos irão reconhecer que, junto com a completa dominação econômica, militar e política, vem a responsabilidade de ajudar a manter a estabilidade na região, mais com ações preventivas do que curativas. (Abrams, 1993, p.55)

A vitória alcançada na América Latina e no Caribe contra os adversários do sistema e a eficiência demonstrada pelas políticas externas dos Estados Unidos, na segunda metade do século XX, na condução da região para um caminho de "convergência" com o modo de vida vigente ao norte do hemisfério tornam-se um exemplo encorajador das posturas missionárias adotadas a partir dos anos 90, que buscam "aproximar o mundo em seu conjunto dos princípios básicos da democracia, mercados abertos, lei e compromisso com a paz" (Albright, 1997, p.6).

Em sua intervenção na conferência Promoting Democracy, Human Rights, and Reintegration In Post-Conflict Societies [Promovendo Democracia, Direitos Humanos e Reintegração em sociedades pós-conflito], organizada pela Agência para o Desenvolvimento Internacional (Usaid), em outubro de 1997, a secretária de Estado do governo Clinton, Madeleine Albright (2000, p.22) divide o mundo em quatro categorias de países:

> aqueles que participam como membros plenos do sistema internacional; aqueles que estão em transição e buscam participar mais plenamente; aqueles que rejeitam as regras sob as quais o sistema está baseado; e, finalmente, os Estados que estão impossibilitados – por razões de subdesenvolvimento, catástrofe ou conflito – de desfrutar dos benefícios e travar

conhecimento das responsabilidades que acarreta a participação plena no sistema.

Nessa caracterização, a região da América Latina e do Caribe é incluída entre os países em transição, em que a democracia política e a liberdade econômica despontam como tendências inquestionáveis. Quanto à consolidação dessa trajetória, conforme afirma Luis J. Lauredo (2000), então representante dos Estados Unidos na OEA, o problema está nos detalhes: "é nos detalhes da democracia, nos detalhes dos direitos humanos e nos detalhes de uma economia de mercado livre que todos nós temos que trabalhar para assegurar que o Hemisfério Ocidental não escorregue no precipício em direção à ditadura e, em última instância, à guerra".

A preocupação com os detalhes do processo de transição conduz a uma redefinição dos parâmetros que orientam as relações hemisféricas, levando à construção de uma nova arquitetura cujo palco principal são as Cúpulas das Américas, inauguradas pelo governo Clinton em 1994, mas que excluem um único país, Cuba, sob o argumento de que seu regime político, diferentemente do restante do hemisfério, não seria democrático.

Nas relações entre Estados Unidos e Cuba, os efeitos do fim da guerra fria se dão no sentido oposto ao do resto do mundo. Os governos George Bush, Bill Clinton e George W. Bush radicalizam as posições em relação ao bloqueio. A primeira iniciativa nesse sentido é a aprovação da Emenda Torricelli, proposta pelo deputado democrata do mesmo nome e sancionada sem muito entusiasmo por Bush, pressionado por Clinton, então candidato presidencial, que soube capitalizar eleitoralmente a emenda, angariando apoio em parte importante do *lobby* cubano no exílio.

A Emenda Torricelli amplia a proibição das companhias dos Estados Unidos de realizar negócios com Cuba às suas subsidiárias no exterior, proíbe aos barcos que passam pelos portos cubanos de realizar transações comerciais nos Estados Unidos e autoriza o presidente dos Estados Unidos a aplicar sanções a governos que promovam assistência a Cuba (Erisman, 1995).

Cada vez mais, a "questão cubana" tende a transformar--se num tema de política interna. Com a vitória republicana nas eleições legislativas de 1994, fortalecem-se no Congresso as posições favoráveis ao aprofundamento do boicote econômico. A percepção de que, sem o apoio da ex-União Soviética, a queda do regime de Fidel Castro é apenas uma questão de tempo colabora para o endurecimento.

A sanção por parte de Clinton da Cuban Liberty Act, apresentada pelos congressistas Jesse Helms e Dan Burton, amplia os alcances do bloqueio e explicita estas duas dimensões: a radicalização de posições em razão do clima ideológico predominante no Congresso e o momento eleitoral da sucessão presidencial, com a proximidade das primárias no estratégico Estado da Flórida.

A Lei Helms-Burton autoriza cidadãos dos Estados Unidos, proprietários de bens expropriados pela Revolução Cubana, a processar empresas estrangeiras que usufruam das propriedades e permite que o governo barre a entrada ao país de empresários e executivos dessas empresas. As sanções atingem também instituições internacionais e países que recebem ajuda dos Estados Unidos:

> a) em todas as instituições financeiras internacionais (FMI, Banco Mundial etc.), os EUA devem votar contra qualquer tipo de empréstimo, ajuda financeira ou emissão para Cuba. Se mesmo nessas condições é outorgado um crédito a Cuba, os EUA subtrairão a soma correspondente às suas contribuições para a respectiva instituição ... b) faz-se mais estrita a proibição de importação de produtos que contenham matérias-primas cubanas (por exemplo, níquel ou açúcar) de terceiros países; c) as ajudas financeiras dos EUA para os Estados sucessores da União Soviética serão reduzidas nas mesmas quantidades em que esses países prestem auxílio a Cuba. (Hoffman, 1997, p.61)

Do ponto de vista legal, a Lei Helms-Burton estende a jurisdição dos tribunais dos Estados Unidos para fora das fronteiras territoriais, contradizendo os princípios do direito internacional. Do ponto de vista das relações entre Estados, explicita uma postura imperial imune aos argumentos éticos e jurídicos levantados pela maioria dos países.

Os efeitos concretos da aplicação dessa lei, no que concerne aos objetivos explicitados pelo governo norte-americano de induzir transformações políticas em Cuba, são polêmicos. Para Juan López (1999, p.59), um defensor do bloqueio como imprescindível para obter sucesso na derrubada do governo de Fidel Castro, a teoria das transições democráticas e as evidências empíricas do fim dos regimes socialistas da Europa oriental indicam que as crises econômicas, embora não sejam o único fator determinante, são fundamentais.

> Há uma associação positiva entre a deterioração de condições econômicas nos anos 90 e a emergência de um grande número de grupos dissidentes e jornalistas independentes em Cuba. Apesar da repressão constante, as organizações não governamentais resistem e continuam a emergir. Sob o regime atual, a única forma razoável de transição política que se pode esperar é aquela em que a iniciativa vem de baixo.

Em contraposição a essa visão, outros autores destacam os aspectos contraproducentes dessa política para os interesses de Estados Unidos. Embora reconheçam os altos custos econômicos do bloqueio entre 1959 e a atualidade, avaliados pelo governo cubano em sessenta bilhões de dólares, para Fernández Tabío (2003, p.52), as sanções econômicas têm conseguido

> Fortalecer a unidade nacional da sociedade cubana, em lugar de fragmentá-la e quebrar seu sistema político e social. Estimular um desenvolvimento econômico mais diversificado e independente, que promove uma maior autossustentabilidade e autossuficiência ... Estabelecer uma situação internacional de mercado confusa, que aumenta progressivamente os custos de todas as partes e retarda o desenvolvimento das suas relações com toda a sub-região.

Por sua vez, os empresários norte-americanos começam a contabilizar as perdas originárias do bloqueio, que os impossibilita de disputar um mercado de onze milhões de pessoas que está sendo ocupado por empresas de outros países capitalistas, marcadamente Canadá e Espanha. De acordo com cálculos apresentados por Olga Fernández Alvarez (2002, p.133), "as operações comerciais [dos Estados Unidos] com Cuba totalizariam entre um e cinco bilhões de dólares anuais após um eventual fim do bloqueio". Apesar de significativo, esse cálculo não contabiliza as possibilidades de investimentos em petróleo nos recentes empreendimentos nas águas do Golfo do México.

Apesar dos desencontros políticos entre os governos dos dois países, os intercâmbios fluem de forma crescente em outros âmbitos. A partir de 2002, com base numa medida de flexibilização das sanções contra Cuba aprovada em 2000 pelo Congresso, tem havido um grande volume de exportações de produtos alimentícios para a ilha. De acordo com dados do governo dos Estados Unidos, o salto quantitativo das exportações para Cuba é bastante considerável, passando de uma média anual de US$ 4,96 milhões entre 1992 e 2001, para US$ 145,7 milhões em 2002 e US$ 260,8 em 2003 (Department of Commerce). Na feira de produtos agroindustriais realizada em Havana em 2002, participaram 288 companhias de 33 Estados norte-americanos, as quais fecharam contratos de cem milhões de dólares com empresas cubanas. Em 2001, o número de visitantes norte-americanos a Cuba chegou a duzentos mil (Fernández Alvarez, 2002).

No entanto, os avanços registrados vão de encontro à política oficial dos Estados Unidos. Nas eleições presidenciais de 2000, o apoio da comunidade cubano-americana teve um grande peso na apertada vitória de George W. Bush contra Al Gore. O presidente eleito dá novos passos em relação ao caminho trilhado por seus predecessores. Após os atentados de 11 de setembro em Washington e Nova York, incluirá Cuba entre os chamados "Estados delinquentes".

No relatório *Patterns of Global Terrorism 2001*, apresentado em maio de 2002, o Departamento de Estado amplia o número de Estados na mira da política de combate ao terrorismo. O documento acusa Cuba, Irã, Iraque, Líbia, Coreia do Norte,

Síria e Sudão de serem patrocinadores do terrorismo. Para esses e futuros frequentadores da lista, as modalidades de retaliação incluem, entre as principais, a proibição de exportações e vendas relacionadas com armas, controle de acesso a bens e serviços que possam fortalecer sua capacidade militar, proibição de assistência econômica e imposição de restrições a empréstimos junto aos organismos financeiros internacionais (USDS, 2002).

Como ocorre com toda abordagem de conflito pautada por critérios referenciados numa das partes interessadas, os argumentos selecionados para a elaboração da lista do Departamento de Estado carregam uma forte dose de subjetividade. No caso de Cuba, o documento reconhece que seu governo condenou os atentados de 11 de setembro, subscreveu as 12 convenções das Nações Unidas e a declaração da Cúpula Ibero-Americana de 2001 contra o terrorismo, e não se opôs à transferência dos prisioneiros da guerra de Afeganistão para a base de Guantánamo, situada em seu próprio território. No entanto, a condenação do país apoia-se nas históricas simpatias de Fidel Castro pelas revoluções armadas, equiparadas ao terror pelo Departamento de Estado, junto a acusações de cobertura a militantes da organização separatista basca ETA, do Exército Republicano Irlandês, das Farc e ELN colombianos, da Frente Patriótica Manuel Rodrigues do Chile, e fugitivos da justiça dos Estados Unidos que, segundo o documento, teriam trânsito livre em Cuba.

Nos relatórios de 2003 e 2004, Cuba permanecerá na lista de países patrocinadores do terrorismo, sob as mesmas acusações apresentadas no de 2002 (USDS, 2003, 2004).

Em conferência proferida na Heritage Foundation em 6 de maio de 2002, John Bolton, subsecretário do Departamento de Estado para o Controle de Armas e Segurança Internacional, vai mais longe nas acusações contra Cuba, colocando sob suspeita – embora reconheça a ausência de provas consistentes – a indústria biomédica do país, que estaria sendo fonte de desenvolvimento de armas biológicas:

> Aqui está aquilo que sabemos agora: os Estados Unidos acreditam que Cuba tem, pelo menos, um limitado trabalho

de pesquisa e desenvolvimento em armas biológicas ofensivas. Cuba proporcionou tecnologia de uso dual a outros Estados fora da lei. Estamos cientes de que essa tecnologia pode dar suporte a programas de armas biológicas nesses Estados.

As acusações contra Cuba expostas no relatório sobre o terrorismo e no discurso de Bolton são questionadas nos próprios Estados Unidos. Annya Landau e Wayne Smith, pesquisadores do Center for International Policy e, no caso de Smith, chefe da Seção de Representação de Interesses do governo dos Estados Unidos em Cuba entre 1979 e 1982, mostram o desencontro entre as denúncias e a realidade. Em relação ao relatório, os autores questionam o fato de que Cuba acoberte terroristas. Segundo eles, os membros da ETA ali mencionados moram no país como parte de um acordo entre o governo de Fidel Castro e de Felipe Gonzalez da Espanha, e não foi apresentada nenhuma evidência de envolvimento desses espanhóis em atos terroristas. Em relação aos membros das guerrilhas colombianas das Farc e do ELN, estes estiveram em Havana participando das negociações de paz entre as suas organizações e o governo colombiano de Pastrana, dado que Cuba prestou apoio e foi sede dos encontros entre as partes. A mesma colaboração permanece sob o governo Uribe. O membro do Exército Republicano Irlandês (IRA) residente em Cuba é o representante no país do Sinn Fein, braço político da organização, que já retornou à Irlanda. Em relação aos membros da Frente Manuel Rodriguez, a colaboração de Cuba com essa organização foi negada por comissão do Senado chileno que fez uma visita ao país e confirmou a inexistência de laços. A presença de fugitivos da justiça dos Estados Unidos refere-se basicamente a um militante separatista porto-riquenho que escapou da custódia policial e reside em Cuba. Neste caso, a situação é recíproca, já que existem vários fugitivos da justiça cubana que moram legalmente nos Estados Unidos e que Cuba gostaria de extraditar. Sobre as acusações de pesquisa e desenvolvimento de tecnologias para fabricação de armas biológicas, os autores citam os desencontros entre as afirmações de Bolton e a posterior negativa de Colin Powell, referindo-se ao fato de que Cuba não produz armas, embora tenha a capacidade tecnológica para fazê-lo. Como salientam Landau & Smith (2002), com base em fontes do governo norte-americano, todos os países que têm indústrias farmacêuticas seriam potenciais produtores de armas biológicas.

Como parte da radicalização de posições dos Estados Unidos, em 20 de maio de 2002, o presidente Bush faz um discurso em que anuncia o lançamento da *Iniciativa para uma nova Cuba*, que prevê medidas de apoio aos setores de oposição que buscam mudar o sistema político do país na direção do modelo de democracia vigente nos Estados Unidos. Para dirigir essa iniciativa, nomeia o embaixador Otto Reich, cubano-americano vinculado aos setores mais radicais da oposição ao governo de Fidel Castro (White House, 2003).

No Departamento de Estado, caberá à Agência para o Desenvolvimento Internacional (Usaid) um papel destacado na implementação das medidas previstas na proposta presidencial. De acordo com Adolfo A. Franco, administrador assistente do Bureau para a América Latina e o Caribe da Usaid, a iniciativa é composta por seis linhas de ação:

> Construir a solidariedade com os ativistas cubanos de direitos humanos; dar voz aos jornalistas cubanos independentes; ajudar a desenvolver organizações não governamentais cubanas independentes; defender os direitos dos trabalhadores cubanos; promover uma maior aproximação com o povo cubano; e ajudar o povo cubano a planejar e participar de uma rápida e pacífica transição para a democracia por tanto tempo postergada. (Franco, 2002)

No mês de junho, em discurso aos graduados de West Point, o presidente dos Estados Unidos apresenta de forma mais sistemática os novos direcionamentos da política externa, delineando as premissas da que passará a ser denominada "Doutrina Bush".

De acordo com a nova perspectiva, a contenção e a dissuasão, que nortearam a política externa durante o período da guerra fria, embora continuem válidas para algumas situações, não dão conta satisfatoriamente das novas ameaças. Em decorrência dessa mudança de abordagem, o desencadeamento de ações não terá como alvos apenas agressores reais do país ou dos seus aliados, mas incluirá ataques preventivos contra inimigos considerados potenciais, bastando apenas suspeitas sobre a posse de armas de destruição em massa e suporte ao terrorismo.

Os delineamentos apresentados no discurso de West Point serão formalizados no documento *The National Security Strategy of the United States of America*, dado a conhecer pela Casa Branca no mês de setembro, num contexto fortemente influenciado pela necessidade de apresentar justificativas para atacar o Iraque.

Na caracterização dos novos inimigos, o documento oferece uma demarcação esclarecedora dos desafios que orientaram a formulação das estratégias do pós-Segunda Guerra Mundial (Doutrina Truman) e do pós-guerra fria (Doutrina Bush):

> As visões militantes de classe, nação e raça, que prometeram a utopia e entregaram a miséria, foram derrotadas e desacreditadas. A América é agora ameaçada menos por Estados conquistadores do que por Estados falidos. Somos ameaçados menos por frotas e por exércitos do que por tecnologias catastróficas nas mãos de uns poucos ressentidos. Devemos derrotar essas ameaças a nossa nação, nossos aliados e amigos. (National Security Council, 2002, p.1)

Além de reforçar os argumentos apresentados no discurso de West Point, justificando ataques preventivos contra Estados e organizações suspeitos de prepararem atos hostis contra o país e os seus aliados, o documento explicita como objetivo nacional permanente a manutenção da supremacia militar. Na área das relações hemisféricas, mantêm-se os eixos na promoção da democracia e o livre mercado por meio de ações que têm como parâmetro as Cúpulas das Américas.

A adoção prática da doutrina de ação preventiva terá como primeiro alvo o regime de Sadham Hussein no Iraque, deposto após o ataque decretado unilateralmente pela coalizão militar anglo-americana, baseado em suspeitas de fabricação de armas de destruição em massa. Após a derrubada do regime iraquiano e a decorrente ocupação do país, os Estados Unidos assumem uma posição de força no Oriente Médio, buscando encaminhar suas próprias soluções para os conflitos da região.

O desfecho inicial da guerra contra o Iraque provocou reações de otimismo em setores da oposição cubana de Miami, que vislumbraram a possibilidade de incluir a ilha entre os próximos alvos da Doutrina Bush. Nesse clima de incertezas desatado pela retórica e prática confrontacionista da política externa norte-americana, o governo cubano decide fortalecer o controle interno de ações oposicionistas.

Em 11 de abril de 2003, é anunciada a aplicação da pena de morte a três sequestradores de uma embarcação de passeio com cinquenta turistas na bacia de Havana, com o objetivo de desviá-la os para Estados Unidos. Dias antes dos fuzilamentos, 65 opositores foram detidos e submetidos a julgamento, recebendo penas de até 25 anos de prisão, acusados de conspirar contra o Estado cubano, em associação com o Escritório de Interesses dos Estados Unidos em Havana. Essa ação desencadeou uma forte reação contra o caráter extremo das medidas adotadas, principalmente porque nos últimos quatro anos não tinha sido aplicada a pena de morte.

Na sua defesa, o governo de Cuba apresentou diversas provas sobre reuniões realizadas entre os opositores presos e o representante da seção de interesses dos Estados Unidos, James Cason, tanto no seu escritório como na sua residência oficial, cujo objetivo principal era a criação de um partido político unificado da dissidência. As provas tomam como base depoimentos de oito agentes cubanos infiltrados no movimento opositor, alguns dos quais tinham chegado a ocupar cargos dirigentes, como o líder da Associação de Jornalistas Independentes, Nestor Baguer (Bonasso, 2003).

De acordo com as acusações do governo, preparava-se uma escalada de ações de sabotagem, entre as quais se enquadra o sequestro de dois aviões, um no dia 19 de março, com 36 pessoas a bordo, desviado para os Estados Unidos, e outro com 46 passageiros, no dia 30, além do barco de turistas no dia 2 de abril.

Na avaliação do presidente de Cuba, esse plano começa justamente no mesmo dia em que os Estados Unidos iniciam a guerra contra o Iraque, com o sequestro do primeiro avião. Em entrevista a Miguel Bonasso (2003, p.113), Fidel Castro atribui à onda de sequestros o objetivo de "buscar um pretexto de conflito, e era necessário cortá-la radicalmente. Foi por isso que, em virtude de leis prévias e mediante processo judicial, três dos oito principais responsáveis foram julgados em juízo sumário e sancionados pelos tribunais à pena capital".

Independentemente da avaliação favorável ou crítica que se possa ter sobre a ação do governo cubano, um aspecto a destacar, na linha da nossa discussão sobre as relações com os Estados Unidos, é a mudança nas percepções mútuas de segurança nacional. Além das ações originárias das leis Torricelli e Helms-Burton, a radicalização operada na política externa norte-americana, após os atentados de 11 de setembro de 2001, sinaliza para Cuba e para os demais países – que enfrentam movimentos oposicionistas e adotam métodos terroristas – a necessidade de fortalecer, como fizeram os Estados Unidos, o controle interno e a vigilância externa.

No caso específico de Cuba, a retórica do governo dos Estados Unidos após o 11 de setembro não deixa dúvidas quanto à estratégia que está sendo adotada. Dando sequência à *Iniciativa para uma nova Cuba*, o presidente Bush cria, em 10 de outubro de 2003, a Comissão de Assistência para uma Cuba Livre, presidida pelo secretário de Estado, Colin Powell, com o objetivo de formular um plano de transição política para o país. O relatório da comissão é dado a conhecer em 6 de maio de 2004 e tem como orientação central a implementação de medidas econômicas que dificultem a capacidade de captação de divisas pelo governo e pela população cubanos, seja pelo controle de remessas de dólares de familiares que moram nos Estados Unidos, cujos valores anuais são estimados em US$ 1,2 bilhão, seja pelo bloqueio aos investimentos de empresas estrangeiras e por medidas políticas, que visam promover a capacidade de organização e atuação das forças oposicionistas.

Entre as principais propostas da Comissão, destacam-se a ampliação dos recursos governamentais e a criação de um fundo originário de países aliados para a proteção e para o desenvolvimento da sociedade civil cubana, incluindo aqui as oposições; restringir as viagens de estudantes universitários norte-americanos àqueles programas diretamente vinculados aos objetivos da política do governo; limitar as visitas familiares a Cuba a uma a cada três anos, considerando, na definição de família, apenas os parentes diretos, únicos aos quais poderão ser enviadas remessas de dinheiro desde os Estados Unidos, excluindo entre os destinatários aqueles que são membros do Partido Comunista ou acusados pelo governo norte-americano de violarem os direitos humanos; limitar a um terço a quantia de dinheiro que os cubanos americanos podem gastar em comida e alojamento em Cuba, de US$ 164 a US$ 50 diários; estabelecer maiores controles sobre os investimentos estrangeiros no país que utilizem propriedades confiscadas pela Revolução; preparar as condições para a viabilidade do eventual governo que surja após o fim do atual regime político, para que possa ter controle sobre os problemas sanitários, de alimentação, saúde e demais desdobramentos do processo de transição, assim como assessorar e formar lideranças capazes de lidar com o processo de criação de uma economia de mercado, tomando como referência as experiências do Leste Europeu (Commission for Assistence for a Free Cuba, 2004).

A apresentação do relatório por parte do subsecretário para Assuntos do Hemisfério Ocidental, Roger Noriega, revela os significados da nova iniciativa, que, ao mesmo tempo que dá continuidade a uma política iniciada após o triunfo da revolução, amplia e aprimora os instrumentos de intervenção nos assuntos internos do país vizinho:

> O relatório representa uma parte essencial do compromisso deste país para estar com o povo cubano contra a tirania

de Fidel Castro. Não tem precedentes. Porque, pela primeira vez, uma administração dos Estados Unidos articulou uma estratégia definitiva, decisiva e integrada que representa um compromisso nacional para ajudar o povo cubano a dar término à ditadura cubana e prepará-lo para dar suporte a uma transição democrática de maneira significativa, específica e explícita, dado que essa transição está a caminho. (Noriega, 2004)

5. Cuba e a revolução: o legado do século XX

> Um mundo caótico, esse mundo, ao qual nos conduz a globalização capitalista, não pode sobreviver, não pode subsistir, pois traz inevitavelmente a crise. Por isso, eu explicava, que os métodos do século passado já não eram precisamente os aconselháveis, nem os da primeira metade deste século, nem sequer os de depois do triunfo da Revolução, porque havia um momento de equilíbrio mundial... Surgem movimentos de massa que se estão formando com tremenda força, e acredito que esses movimentos desempenharão um papel fundamental nas lutas futuras. Serão outras táticas, já não será a tática ao estilo bolchevique, nem sequer ao nosso estilo, porque pertenceram a um mundo diferente.
>
> (Castro, 1999, p.40)

Desde o seu desencadeamento, e até os dias de hoje, a Revolução Cubana tem sido objeto de diversas polêmicas sobre o real significado das transformações promovidas no interior do país e suas repercussões externas como exemplo de uma via diferenciada em relação ao capitalismo e à democracia representativa. Dando sequência à análise realizada nos capítulos anteriores, discutiremos três questões que, a nosso ver, expressam as críticas mais frequentes dos opositores ao sistema adotado pela ilha. Em primeiro lugar, a forma pela qual se chega ao poder, em que a opção pela luta armada se torna também um produto de exportação, como principal garantia de realização de transformações sociais que afetem interesses dominantes nacionais e internacionais. Em segundo, a implementação de um modelo de economia centralmente planejado "condenado pela história", que inibe a livre iniciativa e a consequente geração de riqueza e prosperidade, levando a um sistema cujas realizações se resumem à distribuição da pobreza. Finalmente, a adoção de um regime político de partido único, incompatível com o pluralismo e a liberdade de escolha que caracterizariam a democracia liberal.

As três questões levantadas, se discutidas sob a perspectiva comparada das vantagens e desvantagens de se viver nas diversas sociedades existentes, certamente receberão um tratamento diferenciado e polêmico, expressão das diferentes valorações sobre os sistemas econômicos e políticos que garantem coletiva e individualmente as melhores possibilidades de realização humana. Nesse caso, os questionamentos ganham legitimidade proporcional à abertura intelectual do debate. No entanto, quando incorporados à agenda da política externa de uma potência hegemônica, perdem sua legitimidade.

Nas próximas seções, discutiremos separadamente esses três argumentos, tomando como referência o uso que deles faz o governo dos Estados Unidos. Entre as principais fragilidades das críticas endereçadas a Cuba, ressaltamos a ausência de perspectiva histórica, "ignorando" os contextos e desafios que influenciaram e influenciam escolhas, boa parte deles condicionados pela ação dos sucessivos governos norte-americanos, que utilizam a defesa abstrata de valores absolutos, mas de aplicação seletiva e pouco rigorosa, de acordo com critérios cuja orientação básica não é a defesa de princípios, mas de interesses.

A LUTA ARMADA E A CONQUISTA DO PODER

Em relação à opção pela violência política, conforme analisamos, os revolucionários cubanos vivenciaram uma época marcada pela instabilidade política na América Latina e no Caribe, em que o desrespeito pela democracia e pela soberania nacional, por parte dos setores dominantes da região e do governo dos Estados Unidos, não deixava um grande leque de escolhas para aqueles que defendiam reformas profundas na economia e na sociedade. O grupo de jovens exilados que se encontrava no México em 1954 estava fortemente marcado por recentes experiências frustrantes. Ernesto "Che" Guevara tinha vivenciado os limites enfrentados por três processos políticos de grande importância na região: o peronismo na Argentina, vítima desde o início do boicote dos Estados Unidos, que na primeira metade dos anos 50 já evidenciava o esgotamento das reformas de cunho distributivista, com uma oposição interna crescente que levaria ao desfecho do golpe militar de setembro de 1955. Em sua viagem pela América Latina, Guevara conheceu de perto a Bolívia nos primeiros momentos posteriores à revolução nacionalista de 1952 e descreveu, em seu diário, as mazelas sociais por que passava o país, comparando-o à Argentina que conhecia e que estava anos-luz em termos de desenvolvimento e modernização. Finalmente, na passagem pela Guatemala, confere diretamente as barreiras enfrentadas pela administração Arbenz cuja plataforma de reformas buscava essencialmente desenvolver o capitalismo, promovendo a reforma agrária e a indústria, mas sucumbiu ante a ação desestabilizadora dos Estados Unidos.

O grupo de cubanos reunidos em torno da figura de Fidel Castro também carregava a experiência da frustração com as reformas pela via institucional. O golpe de Batista em 1952 interrompeu a promissora carreira política de uma geração de jovens – entre eles o futuro líder da revolução – que passam a investir em outras vias de ação transformadora.

Nas décadas de 1960 e 1970, a situação política latino-americana passa por uma grande deterioração em relação ao período anterior, aguçando a percepção da inviabilidade das reformas pacíficas. Com exceção da experiência cubana, todas as tentativas de transformação que buscaram caminhos de desenvolvimento alternativos à ordem dominante são interrompidas por ações de força.

Em março de 1962, o presidente eleito da Argentina, Arturo Frondizi, que promovia um governo de cunho desenvolvimentista, sofre um golpe militar, sob a acusação de favorecer a influência peronista na política nacional. Mesmo proibido de ter vida legal, o peronismo fora um fator decisivo na eleição de Frondizi.

Em setembro de 1963, Juan Bosh, presidente eleito da República Dominicana e adepto confesso das reformas propostas pelo presidente Kennedy nos marcos da Aliança para o Progresso, é deposto por golpe militar promovido por setores conservadores vinculados ao antigo ditador Rafael Trujillo. Reconduzido ao poder em 24 de abril de 1965 por um movimento constitucionalista, Bosh é novamente destituído pela ação dos Estados Unidos, que convocam reunião extraordinária da OEA e aprovam a intervenção armada. Sob o argumento da forte presença comunista entre as forças constitucionalistas, um exército de 42 mil soldados, composto majoritariamente por fuzileiros navais dos Estados Unidos, com participação menor de tropas do Brasil, Honduras e Paraguai, invade o país em 28 de abril. Também em 1963, Idigoras Fuentes na Guatemala e Villeda Morales em Honduras sofrem golpes militares e Duvalier se autoproclama presidente vitalício do Haiti.

Em 1964, os presidentes do Brasil, João Goulart, e da Bolívia, Victor Paz Estenssoro, são depostos por golpes militares, com apoio do governo dos Estados Unidos. No caso do Brasil, contribuíram para o golpe algumas medidas promovidas pelo presidente, como a reforma agrária e o controle da remessa de lucros ao exterior, além da crescente influência no governo atribuída ao Partido Comunista. No caso do presidente boliviano, principal liderança do Movimento Nacionalista Revolucionário que chegou ao poder com a revolução de 1952, a ação desestabilizadora foi comandada por seu vice-presidente, René Barrientos, militar treinado nos Estados Unidos, que assume o poder encabeçando uma junta representativa das Forças Armadas.

Em junho de 1966, um golpe militar tira do poder o presidente eleito da Argentina, Arturo Illia. O argumento não será a influência comunista em seu governo, mas a fraqueza do presidente para lidar com a crescente ativação dos movimentos sociais, marcada por uma onda grevista que tem nas centrais sindicais peronistas os principais protagonistas.

Em outubro de 1968, os militares peruanos derrubam o governo de Belaúnde Terri, num golpe de características peculiares em relação aos anteriores. Seus objetivos não são a defesa da ordem dominante, mas a implementação de uma agenda transformadora com ênfase na reforma agrária e o maior controle estatal do desenvolvimento econômico.

A orientação nacionalista também está presente no processo que leva à deposição do general Alfredo Ovando Candia na Bolívia, que tinha assumido o poder após a misteriosa morte de Barrientos num acidente aéreo, em 1969. A crise aberta nesse processo sucessório leva a um levantamento militar comandado por Juan José Torres, que se instala no governo em outubro de 1970. Tendo como objetivo retomar as reformas da revolução de 1952, especialmente na distribuição da terra e na nacionalização do setor minerador, principal base econômica do país, Torres busca apoio nos setores populares reunidos em torno da Assembleia Popular, órgão criado no Primeiro de Maio de 1971, que contava com a participação de organizações de esquerda e sindicais, como a Confederação Operária Boliviana (COB). No entanto, a experiência tem curta duração. Em 21 de agosto, setores das Forças Armadas, comandados pelo general Hugo Banzer, com apoio do governo brasileiro e da embaixada dos Estados Unidos, derrubam o governo de Torres e instauram um regime militar que acompanha o perfil conservador que vai se afirmando no conjunto da região.

Em 1973, produzem-se rupturas institucionais no Uruguai e Chile. Em 27 de junho, o presidente Juan Maria Bordaberry dissolve o Parlamento e atribui faculdades às Forças Armadas para atuar em defesa da "segurança nacional", instrumentando um golpe de Estado que interrompe a forte tradição uruguaia de governos civis. Em 11 de setembro, o governo de Salvador Allende, eleito em 1970, é derrubado por golpe militar comandado pelo general Augusto Pinochet, interrompendo um processo considerado inédito e promissor como experiência de transição democrática ao socialismo.

Na Argentina, em 24 de março de 1976, uma junta militar encabeçada pelo general Jorge Rafael Videla derruba o governo de Maria Estela Martinez de Perón, vice-presidente em exercício da presidência após a morte de Juan Domingo Perón em 1º de julho de 1974, a poucos meses de assumir após as eleições de setembro de 1973.

Esse contexto mostra uma situação latino-americana com poucas opções de mudança pelas vias da democracia representativa. O exemplo da revolução cubana inspirará um processo de radicalização à esquerda, que será a resposta a um outro processo de radicalização empreendido por setores conservadores da região e pelo governo dos Estados Unidos. Instaura-se um período de guerra entre posições antagônicas, cujo desfecho, conforme analisamos, será a derrota pela violência de todas as tentativas de mudança progressista implementadas durante as décadas de 1950, 1960 e 1970, com exceção de Cuba.

Nesse quadro, a luta armada teorizada e aplicada por Guevara, que contou com o apoio do governo cubano por meio de iniciativas como a Organização Latino-Americana de Solidariedade (Olas) e a Tricontinental, não pode ser vista como expressão de um aventureirismo romântico, desvinculado da realidade – crítica frequente em setores da esquerda –, ou como uma prática autoritária que desrespeita a democracia e a autodeterminação das nações – crítica mais frequente entre os que equiparam as dicotomias capitalismo-socialismo com democracia-totalitarismo. A percepção de que na América Latina se vivia um momento importante da luta entre dois sistemas, justificando a adoção de medidas extremas, também estava presente em avaliações de setores que na época participavam da formulação da política externa dos Estados Unidos. Um bom exemplo é o relato dos fatores levados em conta pela administração Nixon em sua atuação contra o governo de Salvador Allende. Segundo Henry Kissinger (1979, p.455-8), então secretário de Estado:

> Nas semanas que se seguiram [à eleição de Allende], nosso governo considerava os acontecimentos chilenos não

isoladamente, mas contra o telão de fundo da invasão síria na Jordânia e dos nossos esforços para forçar a União Soviética a desmantelar suas instalações para a manutenção dos submarinos nucleares no Caribe. A reação deve ser considerada nesse contexto.

De qualquer forma, a eleição de Allende era um desafio ao nosso interesse nacional. Não podíamos nos reconciliar facilmente com um segundo Estado comunista no Hemisfério Ocidental. Estávamos convencidos de que logo estaria incitando políticas antiamericanas, atacando a solidariedade do hemisfério, fazendo causa comum com Cuba, antes ou depois, estabelecendo estreitas relações com a União Soviética.

O desafio a nossa política e interesses representados por Allende ... não era apenas nacionalizar propriedades; ele reconhecia sua consagração ao marxismo-leninismo autoritário. Era um admirador da ditadura cubana e um decidido opositor do "imperialismo norte-americano". Sua meta declarada por mais de uma década antes de ser presidente era minar nossa posição em todo o Hemisfério Ocidental; se necessário, pela violência. Dado que era um país continental, a capacidade do Chile para fazê-lo era muito maior que a de Cuba, e esta já apresentava um desafio substancial ... O Chile faz fronteira com Argentina, Peru e Bolívia, países infestados de movimentos radicalizados. O êxito de Allende teria tido importância também para o futuro dos partidos comunistas na Europa ocidental, cujas políticas inevitavelmente minariam a aliança ocidental.

A instauração de um foco guerrilheiro na Bolívia, que, uma vez consolidado, prepararia diversas colunas para se dirigirem a locais estratégicos da região para iniciar novos movimentos, estimulando as tendências de radicalização já visíveis em países do Cone Sul, da área Andina e da América Central e do Caribe, certamente favoreceria a expansão da revolução, ajudando a quebrar o isolamento de Cuba e mudando a paisagem político-ideológica latino-americana. Essa avaliação, comum à esquerda armada e ao governo dos Estados Unidos, ocupou os principais espaços das reflexões e práticas políticas na região a partir dos anos 60.

Na segunda metade dos anos 70, uma nova onda revolucionária se espalha pela América Central e Caribe. As revoluções triunfantes na Nicarágua e Granada em 1979 e a emergência de importantes movimentos guerrilheiros em El Salvador e Guatemala favorecem, como analisamos no Capítulo 2, o retorno dos republicanos ao poder nos Estados Unidos, com a ascensão de Ronald Reagan e o recrudescimento da guerra fria.

Com o fim da antiga União Soviética e dos regimes políticos sob a sua esfera de influência no Leste Europeu, parecia ter se encerrado uma longa fase da história mundial em que a exportação forçada de modelos de desenvolvimento, seja em nome da civilização ocidental e cristã seja em nome do socialismo, considerava-se uma forma legítima de promover o avanço da humanidade.

Efetivamente, no lado da esquerda, verifica-se um refluxo das estratégias que descartam a via institucional, predominando nitidamente a valorização da democracia representativa como principal marco regulador da diversidade política e ideológica. No caso das organizações que mantêm um acionar predominantemente insurrecional, deixaram de contabilizar no seu balanço de poder o eventual apoio de governos simpáticos à causa da revolução. Nos países governados por partidos comunistas, como China, Cuba e Vietnã, a postura internacional se pauta pela negociação das diferenças e pelo respeito à legalidade.

No lado dos países capitalistas, também predomina uma postura de dissociação entre a política externa e a imposição de determinados modos de vida. O tom destoante vem dos Estados Unidos, que atualizam seu discurso missionário, embora de forma seletiva. Sua postura de princípios em relação aos países governados por partidos comunistas depende de um cálculo pragmático de perdas e danos, o que justifica o aprofundamento do bloqueio a Cuba, desrespeitando leis internacionais, ou a concessão de *status* comercial permanente e normal à China, como fez o governo de Bill Clinton.

A exacerbação do unilateralismo por parte do governo Bush, como resposta aos desafios colocados pela agenda de combate ao terrorismo, revela uma opção pelo endurecimento que busca tornar mais explícitas as fronteiras políticas, econômicas e culturais da ordem mundial proposta pelo país. Em termos históricos, os lineamentos da nova doutrina recriam os três elementos que destacamos no Capítulo 2, na caracterização da trajetória iniciada por Monroe: o terrorismo como nova ameaça global ao "mundo livre", encontrando nas fragilidades enfrentadas pelos países em desenvolvimento um campo fértil para a desestabilização dos esforços norte-americanos em favor da disseminação dos valores da democracia, do bom governo e da livre iniciativa, justificando sua intervenção direta na defesa da "civilização" contra a "barbárie".

Estado *versus* Mercado

A promoção do chamado capitalismo liberal por parte dos Estados Unidos se apoia numa evidência empírica de forte apelo propagandístico. Nos primeiros lugares da lista de países mais ricos, estão aqueles que adotaram a economia de mercado. Os defensores da trajetória triunfal do capitalismo liberal contabilizam os enormes obstáculos superados, associados a diversas variantes de estatismos (fascismos, militarismos, populismos, comunismos). No entanto, considera-se que a disputa se define na segunda metade do século XX, com a consolidação de três tendências: 1ª com a derrota do nazifascismo, as potências capitalistas assumem a democracia representativa como forma de governo; 2ª com o fim da guerra fria, encerra-se a etapa de conflitos sistêmicos com Estados não capitalistas; 3ª a globalização da economia acentua a expansão do mercado em detrimento do Estado, inclusive nos países governados por partidos comunistas.

Configurada a vitória, o modo de vida vencedor passa a ser transformado em modelo de emulação, decretando a morte anunciada de qualquer proposta de desenvolvimento que coloque estruturalmente o Estado como ator central da economia, especialmente as experiências voltadas para a busca da equidade social a partir do controle estatal dos meios de produção e dos mecanismos de distribuição da riqueza.

Aqui entramos no segundo aspecto das críticas à Revolução Cubana, que questionam o sistema econômico adotado, perdendo de vista os fatores históricos que inspiraram as escolhas.

Referindo-se aos programas de desenvolvimento implementados nos países do Terceiro Mundo que saíam de processos de descolonização ou de revoluções sociais, Eric Hobsbawm destaca a forte influência das concepções favoráveis à industrialização acelerada, sob a orientação do Estado, concebida na época como a forma mais eficaz de romper com os laços históricos de dependência em relação às potências imperialistas. Na busca de caminhos alternativos aos prescritos pelos países de capitalismo avançado, a via soviética se apresentava como única experiência testada na prática, mostrando uma trajetória de grandes realizações, que, em algumas décadas, transformaram um dos países mais atrasados da Europa na grande superpotência rival dos Estados Unidos.

Na maioria dos casos, os ambiciosos planos de crescimento econômico se chocaram com uma realidade adversa que não se restringia às pressões externas originárias do conflito leste-oeste, acrescentando importantes déficits internos subestimados pelos novos setores dirigentes. Segundo Hobsbawm (1995, p.343), para isso contribuíram:

> falta de especialistas qualificados e experientes, administradores e quadros econômicos; analfabetismo; desconhecimento ou falta de simpatia por programas de modernização econômica – sobretudo quando seus governos se propunham metas que mesmo países desenvolvidos achavam difíceis, como a industrialização centralmente planejada. (Hobsbawm, 1995:343)

Em alguns países, a ênfase na industrialização trouxe como consequência o descuido da agricultura, transferindo para as cidades grandes contingentes populacionais para serem empregados num setor industrial de futuro precário, comprometendo formas de produção tradicionais que permitiam graus razoáveis de autossuficiência de alimentos. Referindo-se a regiões da África negra, que apresentavam pouca densidade populacional e boa fertilidade do solo, Hobsbawm (1995, p.345) é drástico em seu diagnóstico sobre os estragos causados por bem-intencionadas políticas de industrialização forçada: "a maior parte das pessoas teria ficado muito bem se deixada em paz".

No caso de Cuba, a possibilidade de ser deixada em paz para acertar e errar, sem outra preocupação que a busca constante pelo aperfeiçoamento do sistema criado pela revolução, estava fora de cogitação. Como vimos no Capítulo 2, o apelo de Guevara na Conferência de Punta del Este, para que o país fosse liberado de constrangimentos externos e assim poder aplicar seus planos de desenvolvimento, não surtiu efeito. Sob a ameaça de enfrentar o mesmo desfecho das demais experiências latino-americanas orientadas pela crítica do subdesenvolvimento e da dependência, Cuba teve de buscar o amparo da única superpotência capaz de lhe garantir a soberania nacional, com as vantagens e os problemas já discutidos no Capítulo 3.

As opções do país, a partir da decisão de se manter fiel aos objetivos que levaram ao desencadeamento do processo revolucionário, não foram muitas. No âmbito interamericano, as portas se fecham, e não por iniciativa de Cuba. A dependência da exportação de açúcar, vulnerabilidade explorada ao máximo pelos Estados Unidos, torna urgente uma definição de novos parceiros comerciais, e os países socialistas oferecem uma garantia de mercado e de abastecimento dos produtos necessários. A desestabilização interna e externa encontra fortes aliados no empresariado, levando o governo a acelerar a política de nacionalizações, o que imprime uma dinâmica de transformação centrada no Estado, que dispõe cada vez mais dos recursos econômicos e políticos necessários para implementar as reformas num país em que a iniciativa privada está em retração.

A partir dos anos 90, seguindo a tendência internacional de abertura dos mercados, Cuba busca maior interação com a economia global, abrindo alguns setores à participação do capital estrangeiro. Essa mudança não significa o abandono da coordenação estatal do processo de desenvolvimento, mas a busca de novos mercados e novas opções de investimento que favoreçam o crescimento e a modernização da economia nacional, além de diminuir o isolamento do país. Nesse processo, empenha-se em construir parâmetros de convívio com outros Estados em que a credibilidade se respalde no respeito a regras de intercâmbio estabelecidas de comum acordo.

Em discurso proferido no encerramento do V Encontro de Economistas sobre Globalização e Problemas do Desenvolvimento, em fevereiro de 2003, Fidel Castro (2003, p.49) afirma:

> Em suas relações com o capital estrangeiro, Cuba recorre a formas de cooperação mutuamente benéficas e bem calculadas que não alienam a soberania nem põem à mercê do capital e do poder estrangeiro o controle das riquezas e a vida política, econômica e cultural do país. Como norma, não ofertamos absolutamente nada e, colocados no dilema de pagar um preço, damos ao César o que é de César e ao povo o que é do povo. Que ninguém se engane, somos um país socialista e seguiremos socialistas.

As posições adotadas por Cuba vêm ao encontro do processo de construção de relações internacionais pautadas pelo pluralismo, valor assumido pela grande maioria dos países, com a exceção já apontada.

Sistema partidário e representação política

O terceiro questionamento do sistema implantado pela Revolução Cubana é a incompatibilidade do regime político de partido único com a democracia representativa e pluralista, que seriam características da maioria dos países do mundo após o colapso do comunismo soviético. Esse argumento destaca os vínculos que existiriam entre a livre iniciativa econômica e a livre escolha política, em que a diversidade estaria garantida pela ausência de vetos a organizações que defendam ideologias e sistemas diferentes.

Certamente, a pluralidade de opções partidárias, acompanhada de garantias de acesso aos diversos meios de divulgação e organização, amplia as possibilidades de escolha, permitindo maior representatividade à diversidade que caracteriza toda sociedade. No entanto, isso não significa associar automaticamente capitalismo com pluralismo político e socialismo com partido único. Esse argumento peca por uma visão que nega os determinantes históricos das escolhas que marcam as diversas sociedades.

A maioria dos críticos dos componentes autoritários presentes nos sistemas do chamado "socialismo real" costuma deixar de lado um aspecto importante que contribuiu para o fortalecimento das tendências centralizadoras e repressivas nas organizações que assumiram o poder: o cerco imposto pelos países capitalistas, especialmente a partir de 1945, quando os Estados Unidos assumem a liderança mundial.

Evidentemente, em amplos setores da esquerda, independentemente da ameaça externa, esses sistemas foram apresentados como exemplo de uma forma superior de organização em relação ao capitalismo. No entanto, a realidade mostra que o socialismo conhecido é aquele que, desde 1917, dividiu seus esforços entre a sobrevivência em relação aos inimigos externos e a construção de uma sociedade que se pretendia mais justa e avançada.

No caso de Cuba, a pressão do exterior nunca cessou. Nenhum sistema pode desenvolver suas potencialidades vivendo em clima de permanente conflito, que é justamente o mais favorável ao fortalecimento das tendências autoritárias existentes.

No decorrer dos incidentes de 2003, relacionados com a prisão de dissidentes e o fuzilamento dos sequestradores de um barco de turistas, o debate sobre a natureza do sistema político cubano assumiu tons mais nítidos. Para muitos, as ações do governo expressaram o arbítrio característico de um regime ditatorial.

A aplicação da pena de morte ou a prisão por suspeitas de envolvimento em atividades que atentem contra a segurança nacional, práticas questionáveis em qualquer sociedade, têm sido apresentadas em diferentes países, incluindo Cuba e Estados Unidos, como males necessários em situações de exceção, especialmente após os atentados de 11 de setembro de 2001. Com base nessa argumentação, o governo norte-americano adotou a doutrina da ação preventiva, que coloca a suspeita de culpabilidade, em primeiro lugar, na decisão de agir repressivamente, o que lhe permite tomar decisões consideradas excepcionais, como manter sem julgamento presos da guerra contra o Afeganistão na base de Guantánamo, ou aplicar dentro do país a rigorosa lei de segurança interna aprovada pelo Congresso em novembro de 2002, que faculta o Estado a limitar, caso considere necessário, as liberdades civis.

Em Cuba, país incluído pelo governo Bush na lista de patrocinadores do terrorismo e, portanto, ao alcance de sua doutrina preventiva, a adoção de medidas extremas contra a dissidência responde a um conjunto de fatos que levantam suspeitas, como apresentamos no capítulo anterior, para uma ação organizada em que confluem grupos opositores nacionais e a representação oficial de um país estrangeiro.

Referindo-se a esses incidentes, Atílio Boron (2003, p.121) situa bem seu significado histórico mais amplo:

> Cuba está em guerra e atua como o fazem os povos e governos submetidos a uma tensão extraordinária que perdura durante mais de quatro décadas. Nada menos que Santo Inácio de Loyola dizia que "quando uma cidadela está sitiada, a dissidência se transforma em heresia". É preciso lembrar essa observação na hora de avaliar a radicalidade de certas ações do governo cubano, que não dispõe da serenidade e de graus de liberdade com que contam, por exemplo, as autoridades suíças ou norueguesas.

Esse estado de vigilância permanente, que se instala no país após a revolução, não significa que as relações do governo com a sociedade se pautem por um unilateralismo onipotente e impermeável a qualquer opinião ou ação que se afaste do credo oficial. Na análise do Capítulo 3 sobre a Constituição de 1976 e sua reforma de 1992, verifica-se como a lei fundamental vai incorporando as mudanças que se operam no país, definindo direitos e atribuições em relação às organizações que expressam a diversidade social. Nesse sentido, a realidade apresentada contrasta com o senso comum das caricaturas de Cuba como uma espécie de inferno sartriano, habitado por duas categorias de seres humanos: os membros do Estado monolítico e uma sociedade que sobrevive, adormecida e amedrontada, entre as quatro paredes de um presídio flutuante.

Respondendo às críticas mais frequentes em relação à estrutura de poder criada pela revolução, especialmente as que apontam para a formação de uma elite encabeçada pelo presidente Fidel Castro que se eterniza no controle do Estado, Rafael Hernández apresenta dois comentários que qualificam o debate em torno do sistema político cubano. No que se refere ao significado da permanência de Fidel Castro como principal figura na condução política do país, Hernández (2002, p.31) enuncia algumas qualidades difíceis de questionar:

> Se a política tem a ver com a arte de conseguir apoio interno e externo, ampliar e unificar a base social, concertar aliança, preservar a estabilidade do regime, debilitar ao máximo a oposição e as ameaças externas, obter o respeito inclusive dos seus inimigos, e até saber ganhar um certo halo de invencibilidade, há poucos líderes vivos com a capacidade política de Fidel Castro.

Em relação à "elite no poder", pergunta-se o que seria realmente essa elite:

> Inclui-se nisso o milhão de militantes do Partido e da Juventude Comunista? Aos delegados ao Poder Popular nas circunscrições? Ou é só a lista de membros do Comitê Central? Acaso apenas o Bureau Político? São aqueles que desfrutam de algum privilégio, por exemplo, possuir divisas e oportunidades para comprar em lojas especiais, como é o caso dos músicos, artistas, esportistas ou técnicos que viajam frequentemente ao estrangeiro ou os que recebem dólares dos seus parentes no exterior? Talvez sejam os membros das instituições armadas? Talvez inclua aqueles que recebem rendas anuais dezenas de vezes superiores às de um operário, como é o caso da imensa

> maioria dos camponeses cubanos, possivelmente os mais ricos da América Latina? São os que tomam decisões? Onde, acerca do que: no Conselho de Estado ou em uma corporação, em matéria de religião ou de agricultura? (ibidem, p.33)

Os exemplos selecionados por Hernández dão uma dimensão da crescente diversidade que vai tomando conta das relações sociais, econômicas, políticas e culturais de Cuba, que acompanham as diferentes fases da revolução: um início fortemente marcado por indefinições sobre o caminho a seguir, um período de enquadramento nos alinhamentos da guerra fria e uma etapa de resistência ao choque da queda do mundo socialista, mas ao mesmo tempo de reestruturação, em que o país conta basicamente com suas próprias forças, num ambiente externo que se mantém hostil.

A ideia difundida pelos sucessivos governos dos Estados Unidos após o fim da guerra fria de que o mundo entrou num processo de transição civilizacional, cujo ponto de chegada é o modelo liberal de democracia e de economia de mercado, não concebe para Cuba outro destino que não seja o da antiga União Soviética.

Instituir arbitrariamente um ponto fixo no horizonte como referência de um destino obrigatório, prometendo o paraíso aos países que seguem pela trilha correta e a descida aos infernos para os que se afastam, expressa um fundamentalismo que, na essência, não difere das teologias finalistas que de tempos em tempos assombram a humanidade com suas ameaças de "guerra santa" contra os "infiéis" do momento.

Desde uma perspectiva histórica, ou seja, dinâmica e não estática, o mundo está sempre em transição. No caso específico das nações, o eixo das mudanças está nas relações que se estabelecem entre o Estado e a sociedade, diferentes em cada sistema nacional. São essas relações que irão definir os desafios a serem enfrentados por cada país na construção do melhor futuro possível.

Dependendo dos atores envolvidos, seus interesses e ideologias, as "ditaduras" a serem enfrentadas são múltiplas e variadas.

Se incluirmos nessa denominação todos os sistemas que atribuem capacidade decisória privilegiada a setores que detêm monopólio de poder econômico e/ou de uso da força, nossa lista de governos ditatoriais ao redor do mundo não terá exceções.

Na perspectiva dos que defendem o capitalismo, a consolidação da proeminência da iniciativa privada torna-se um fator político central no questionamento de governos que exercem o controle estatal dos meios de produção. Essas seriam as ditaduras a combater num programa articulado de liberalização econômica e política de alcance mundial, destino manifesto da utopia neoliberal.

Na perspectiva dos que questionam o capitalismo como fim da história, há outras ditaduras a combater. Destacamos três: a do "novo" imperialismo, que absolutiza uma forma de sistema político e econômico como expressão máxima da civilização, transformando-o em princípio orientador de ações intervencionistas no mundo; a dos capitalistas, que detêm os principais instrumentos de decisão sobre as condições de vida da maioria da população mundial, seja pelo controle do acesso a emprego, seja pela definição de níveis salariais seja por regimes de trabalho; a dos chamados "mercados", que não votam nas eleições nacionais, mas têm poder de veto contra as políticas econômicas que ferem seus interesses, mesmo que expressem o desejo de mudança da maioria do eleitorado.

Referindo-se às "democracias" capitalistas que se disseminaram pelo mundo no final do século XX, Ignácio Ramonet (1998, p.57) utiliza uma denominação bem gráfica: regimes globalitários.

> Há pouco tempo, denominava-se "regimes totalitários" os que tinham partido único, não admitiam qualquer oposição organizada e, em nome da razão de Estado, negligenciavam os direitos da pessoa; além disso, neles, o poder político dirigia soberanamente a totalidade das atividades da sociedade dominada.
>
> A esses regimes, característicos dos anos 30, sucede, neste final de século, um outro tipo de totalitarismo, o dos "regimes globalitários". Apoiando-se nos dogmas da globalização e do

pensamento único, não admitem qualquer outra política econômica, negligenciam os direitos sociais do cidadão em nome da razão competitiva e abandonam aos mercados financeiros a direção total das atividades da sociedade dominada.

Os bloqueios econômicos, as intervenções militares e a imposição de modelos de desenvolvimento têm apresentado resultados opostos aos invocados no momento do desencadeamento das ações "libertadoras". Nos casos bem-sucedidos quanto à mudança de regime político, as sequelas são a desorganização social e o crescimento da pobreza e da exclusão. O exemplo mais gráfico é o Iraque. Nos casos em que não se consegue quebrar a resistência da nação agredida, os resultados inevitáveis são o empobrecimento econômico do país e da sua população, e o fechamento político. É o caso de Cuba.

Como proclama a Comissão Mundial de Cultura e Desenvolvimento da Unesco, as ações internacionais que buscam promover o desenvolvimento econômico, social e humano não podem pautar-se pela condicionalidade da ajuda à adoção de determinados modelos de regime político. Referindo-se à relação entre democracia e sistema partidário, o relatório da comissão procura não manifestar favoritismos, colocando esse tema como uma questão que ainda está em aberto no debate político:

> o fato de haver mais de um partido é frequentemente considerado como um indicador de escolha política. Será que isso significa que quanto maior o número de partidos, melhor? Será que a existência de apenas um partido, mas que possibilite a escolha entre diferentes candidatos, é suficiente para a liberdade democrática? A interpretação de qualquer um desses indicadores e sua avaliação qualitativa ainda estão largamente inexploradas. (Unesco, 1997, p.349)

Enquanto permanecer o intervencionismo na política externa dos Estados Unidos para Cuba, abrir mão do regime de partido único representaria o fim do sistema político, social e econômico gerado pela revolução. Qualquer abertura à existência de outros partidos com direito a disputar o poder seria uma brecha para a legalização de organizações, cuja principal base de apoio se encontra no exterior, representada especialmente pela oposição de origem cubana nos Estados Unidos, junto ao governo e grupos de interesse desse país, que contariam com meios ilimitados para ganhar espaços, com o risco de enfraquecer a principal estrutura que sustenta o sistema, o Partido Comunista.

Como toda revolução, burguesa ou socialista, a cubana gerou sua própria institucionalidade, que poderá modificar-se de acordo com os imperativos colocados por processos sociais e políticos impulsionados por uma dinâmica de origem fundamentalmente interna.

Todo sistema tem dificuldade para lidar com o surgimento de fatores de incerteza. A experiência histórica mostra que o grau de pluralismo tolerado pelos regimes capitalistas e socialistas é proporcional ao risco percebido em relação à estabilidade dos pilares considerados fundamentais para a continuidade do *status quo*: a propriedade privada dos meios de produção no primeiro caso, ou o monopólio no exercício do poder pelo Partido Comunista no segundo.

Em tese, é admissível que partidos anticapitalistas disputem eleições e ambicionem chegar ao governo em países capitalistas, no entanto, caso se configure essa possibilidade, e uma vez no exercício do poder, esse partido mantenha seus objetivos originais, forças desestabilizadoras serão acionadas para inviabilizar sua continuidade, pela persuasão ou pela força. É o que mostra nosso breve relato, neste capítulo, sobre a trajetória das democracias latino-americanas durante a guerra fria, especialmente a chilena. Da mesma forma, num país socialista é possível abrir espaços para a existência de outras formas de propriedade além da estatal, como mostram os exemplos de Cuba e China, mas o comando desse processo de abertura econômica não pode sair das mãos do Partido Comunista, nem podem gerar-se novas estruturas decisórias que mostrem capacidade potencial de concorrer com ele; caso se perceba essa tendência, ocorre o fechamento. A ex-União Soviética é a referência negativa de um processo de abertura econômica paralelo ao de abertura política, em que o Partido perdeu o controle, com o desfecho conhecido.

Da nossa perspectiva, as revoluções do passado não devem ser percebidas como modelos fechados de aplicação universal, mas como experiências que expressam a capacidade das sociedades de inovar em situações de crise, das quais se busca retomar o espírito libertário que lhes deu origem e consolidar seu patrimônio de conquistas na direção de um outro mundo possível.

Bibliografia

ABRAMS, E. The American Hemisphere After the Cold War. *Working Paper, John M. Olin Institute for Strategic Studies, Harvard University*, (Cambridge), n.5, 1993.

ALBRIGHT, M. Fast-Track Trade Negociating Authority: Essential for America. *Dispatch* (Washington, D.C.), Nov. 1997.

_____. Focus on the Issues Strengthening Civil Society And the Rule of Law. Public Information Series. United States Department of State. Bureau of Public Affairs. Washington, D.C., Jan. 2000. Disponível em: <www.state.gov/www/focus_index.html>.

AYERBE, L. *Estados Unidos e América Latina: a construção da hegemonia.* São Paulo: Editora da Unesp, 2002.

_____. *O Ocidente e o "resto": a América Latina e o Caribe na cultura do Império.* Buenos Aires: Clacso, Asdi, 2003.

BOLTON, J. Beyond the Axis of Evil: Additional Threats from Weapons of Mass Destruction, Washington, DC, 6 May 2002. Disponível em: <www.state.gov/t/us/rm/9962pf.htm>.

BONASSO, M. Dos textos. *Casa de las Américas* (La Habana), n.231, abr.-jun. 2003.

BORON, A. La cabeza del imperio. *Casa de las Américas* (La Habana), n.231, abr.-jun. 2003.

BUSH, G. W. President Bush Delivers Graduation Speech at West Point. West Point. New York, 1 June 2002. Disponível em: <www.whitehouse.gov/news/releases/2002/06/print/20020601-3.html>.

CASTAÑEDA, J. G. *Che Guevara. A vida em vermelho.* São Paulo: Companhia das Letras, 1997.

CASTRO, F. *La revolución cubana 1953-1962.* México: Ediciones Era, 1976.

_____. De Martí a Marx. In: LOWY, M. *El marxismo en América Latina.* México: Ediciones Era, 1982.

_____. *A história me absolverá.* São Paulo: Alfa-Ômega, 1986.

CASTRO, F. *Globalización neoliberal y crisis económica global.* La Habana: Publicaciones del Consejo de Estado, 1999.

_____. *Combate de ideas.* Buenos Aires: Astralib, 2003.

CASTRO TATO, M. Características principales del desarrollo industrial de Cuba en el periodo de 1975 a 1985. *Economia y Desarrollo* (La Habana), v.98, mayo-jun. 1987.

CDR – Comitês da Defesa da Revolução. Disponível em: <http://www.lacalle.cubaweb.cu/cdr/cdr.htm>.

CEPAL – Comisión Económica para América Latina y el Caribe. Balance preliminar de las economías de América Latina y el Caribe. Santiago de Chile: Naciones Unidas, dic. 1990.

_____. Balance preliminar de las economías de América Latina y el Caribe. Santiago de Chile: Naciones Unidas, dic. 2003a.

_____. Anuario Estadístico de América Latina y el Caribe. Santiago de Chile: Naciones Unidas, abr. de 2003b.

CHOMSKY, N. *O império americano. Hegemonia ou sobrevivência.* Rio de Janeiro: Campus, 2004.

CIA. Research Reports, Latin America, 1946-1976. *Operação proposta contra Cuba.* Editado por Paul Kesaris. Frederick: University Publications of America, INC., 1982. 5 rolos. (Microfilmes).

COCKCROFT, J. *América Latina y Estados Unidos.* México: Siglo XXI, 2001.

COMMISSION FOR ASSISTANCE TO A FREE CUBA. Report to the President. 2004. Disponível em: <http://www.state.gov/p/wha/rt/cuba/commission/2004/c12237.htm>.

CONSTITUCIÓN DE LA REPÚBLICA DE CUBA. La Habana: Ciencias Sociales, 1981.

CONSTITUCIÓN DE LA REPÚBLICA DE CUBA Constitución Socialista Reformada en el año de 1992. Disponível em: <http://www.uniondejuristasdecuba.cu/constituciones/pages/1992/1992_text.htm>.

_____. Constitución Socialista Reformada en el año de 2002. Disponível em: <http://www.uniondejuristasdecuba.cu/constituciones/pages/2002/2002_text.htm>.

DE LA CUESTA, L. Cuatro décadas de historia constitucional cubana, 1959-1999. *Cuban Studies*, University of Pittsburg Press, n.32, 2001.

DEL TORO, C. *La alta burguesia cubana 1920-1958.* La Habana: Editorial de Ciencias Sociales, 2003.

DEPARTMENT OF COMMERCE, U. S. Census Bureau, Foreign Trade Statistics. Disponível em:

<http://www.census.gov/foreign-trade/balance/c2390.html>.

DIAZ VAZQUES, J. A. La participación de Cuba en los mecanismos de integración económica socialista. *Economia y Desarrollo* (La Habana), v.86-87, mayo-ago. 1985.

DOMINGUEZ, J. Cuba, 1959-c. 1990. In: BETHELL, L. (Ed.) *Historia de América Latina. México y El Caribe desde 1930.* Barcelona: Crítica--Grijalbo Mondadori, 1998.

_____.The @#$%& Missile Crisis: (Or, What Was "Cuban" about U.S. Decisions during the Cuban Missile Crisis?). *Diplomatic History* (Malden), v.24, n.2, Spring 2000.

DONGHI, T. H. *História contemporanea de América Latina.* Buenos Aires: Alianza Editorial, 1992.

ERISMAN, M. H. *Evolving U.S./Cuban Relations and the Impact of International Considerations on Washington's Policy.* Washington, D. C: 19th International Congress of the Latin American Studies Association (LASA), 1995. (Mimeogr.).

_____. Cuba y América Latina: relaciones económicas en desarrollo e iniciativas neobolivarianas. In: OLIVA CAMPOS, C., SERBIN, A. (Comp.) *América Latina, el Caribe y Cuba en el contexto global.* Araraquara: Laboratório Editorial da FCL, 2002.

FERNANDES, F. *Da guerrilha ao socialismo: a revolução cubana.* São Paulo: J. A. Queiroz, 1979.

FERNANDES, A., PLA, L. El comercio exterior y la construción del socialismo en Cuba. *Economia y Desarrollo* (La Habana), v.90, ene.-feb. 1986.

FERNÁNDEZ ÁLVAREZ, O. Cuba-EEUU: Embargo bajo escrutinio. Reflexiones para un debate. *Cuadernos de Nuestra América*, v.XV, n.30, jul.-dic. 2002.

FERNANDEZ TABÍO, L. Las relaciones de Cuba con América del Norte y el bloqueo de los Estados Unidos contra Cuba. *Cuadernos de Nuestra América*, v.XVI, n.31, ene.-jun. 2003.

FRANCO, A. Testimony of Assistant Administrator Adolfo A. Franco, Bureau for Latin America and the Caribbean, before the Subcommittee on International Operations and Human Rights of the House Committee on International Relations. 6 June 2002. Disponível em:

<http://www.usaid.gov/press/spe_test/testimony/2002/ty020606.html>.

FRANK, M. Hopes of big oil find off Cuba raise questions on US embargo. *The Financial Times*, London, 18 June 2004.

FURIATI, C. *Fidel Castro: uma biografia consentida*. Rio de Janeiro: Revan, 2003.

GARCIA, M. La industrialización de la economía cubana considerando su integración a la comunidad socialista. *Economia y Desarollo* (La Habana), v.101, nov.-dic. 1987.

GONZALEZ ARANA, R., GUERRA VILABOY, S., MALDONADO GALLARDO, A. *Mexico, Cuba y Nicaragua. Tres revoluciones latinoamericanas del siglo XX*. Barranquilla: Universidad del Norte en Barranquilla, 2004.

GRANMA INTERNACIONAL DIGITAL Comenzarán a perforar primer pozo de petróleo en zona exclusiva de Cuba en el Golfo de México. La Habana, 15 abr. 2004. Disponível em
<http://www.granma.cu/espanol/2004/abril/jue15/17petroleo.html>.

GUEVARA, E. Sobre el sistema presupuestario de financiamiento. In: Edición digital de las obras de Ernesto Che Guevara, 1964. Disponível em <http://www.filosofia.cu/che/chet8a.htm>.

_____. El socialismo y el hombre en Cuba. In: Edición digital de las obras de Ernesto Che Guevara, 1965a. Disponível em:
<http://www.filosofia.cu/che/chet8e.htm>.

_____. A Fidel. In: Edición digital de las obras de Ernesto Che Guevara, 1965b. Disponível em: <http://www.filosofia.cu/che/chet9g1.htm>.

_____. Mensaje a los pueblos del mundo a través de la Tricontinental Abril. In: Archivo de las obras de Che Guevara en Internet, 1967. Disponível em: <http://www.marxists.org/espanol/guevara/04_67.htm>.

HERNÁNDEZ, R. *Mirar a Cuba*. México: Fondo de Cultura Económica, 2002.

HOBSBAWM, E. *A era dos extremos*. São Paulo: Companhia das Letras, 1995.

HOFFMANN, B. Helms-Burton a perpetuidad? Repercusiones y perspectivas para Cuba, Estados Unidos y Europa. *Nueva Sociedad* (Caracas), v.151, 1997.

KENNEDY, J. F. Alliance for Progress Address to Latin American Diplomats, 19 de março de 1961. In: MAY, E. (Org.) *Os grandes debates da política exterior norte-americana*. Rio de Janeiro: Record, 1964.

KISSINGER, H. *Mis Memorias*. Buenos Aires: Atlántida, 1979.

LA JORNADA MÉXICO D. F. 19 jun. 2004.

LANDAU, A., SMITH, W. Cuba on the terrorist list: in defense of the nation or domestic political calculation? *International Policy Report* (New York), Nov. 2002.

LAUREDO, L. Remarks at the Conflict Prevention and Resolution Forum. Washington D.C., 12 Sept. 2000. Disponível em: <www.state.gov/p/wha/rt/soa/>.

LÓPEZ, J. Implications of the U. S. Economic Embargo for a Political Transition in Cuba. *Cuban Studies, University of Pittsburg Press*, n.28, 1999.

MARIFELI, P. *The Cuban Revolution*. New York: Oxford University Press, 1999.

MARQUETTI NODARSE, H. Cuba-América Latina y el Caribe: balance de las relaciones económicas y comerciales en los años noventa. In: OLIVA CAMPOS, C., SERBIN, A. (Comp.) *América Latina, el Caribe y Cuba en el contexto global*. Araraquara: Laboratório Editorial da FCL, 2002.

MARTÍ, J. *Obras completas*. La Habana: Editorial de Ciencias Sociales, 1975. t.6.

MIRES, F. *La rebelión permanente. Las revoluciones sociales en América Latina*. México: Siglo XXI, 2001.

MONROE, J. Sétima mensagem anual ao Congresso, 2 de dezembro de 1823. In: DIETERICH, H. *Noam Chomsky habla de América Latina*. Buenos Aires: Política, 1998. (Anexo documental).

MORALES DOMINGUEZ, E., PONS DUARTE, H. Embargo o bloqueo?, compensación?: aspectos económicos del conflito bilateral Cuba-Estados Unidos. Primera parte. *Economia y Desarollo* (La Habana), v.101, nov.-dic. 1987.

_____. Embargo o bloqueo? Segunda parte. *Economia y Desarollo* (La Habana), v.1, ene.-feb. 1988.

MORRIS, R. *Documentos básicos de história dos Estados Unidos*. Rio de Janeiro: Fundo de Cultura. 1956.

NORIEGA, R. Report to the President by the Commission for Assistance to a Free Cuba. Washington, D.C., 6 May 2004. Disponível em: <http://www.state.gov/p/wha/rls/rm/32272.htm>.

NATIONAL SECURITY COUNCIL. The National Security Strategy of the United States of America. Washington D.C., 17 Sept. 2002. Disponível em: <www.whitehouse.gov/nsc/nss.html>.

OLIVA CAMPOS, C. Cuba-Caribe: opciones y oportunidades desde la marginalidad. In: OLIVA CAMPOS, C., SERBIN, A. (Comp.) *América Latina, el Caribe y Cuba en el contexto global*. Araraquara: Laboratório Editorial da FCL, 2002.

PÉREZ, L. Cuba and the United States: Origins and Antecedents of Relations, 1760s-1860s. *Cuban Studies*, University of Pittsburgh Press, n.21, 1991.

PNUD – Programa das Nações Unidas para o Desenvolvimento. *Informe sobre el Desarrollo Humano 2003*. Madrid: Mundi-Prensa, 2003.

POWELL, C. Remarks at the Council of the Americas'31st Washington Conference. Washington, D.C., 7 May 2001. Disponível em: <www.state.gov/secretary/rm/2001/>.

RAMONET, I. *Geopolítica do caos*. Petrópolis: Vozes, 1998.

ROBERTSON, R. M. *História da economia americana*. Rio de Janeiro: Record, 1967. v.2.

RODRIGUEZ, G. M. *El proceso de industrialización de la economia cubana*. La Habana: Editoral de Ciencias Sociales, 1980.

_____. Apuntes sobre el desarrollo industrial de Cuba (1976-1985) y sus perspectivas. *Economia y Desarrollo* (La Habana), v.99, jul-ago. 1987.

SCHOULTZ, L. *Estados Unidos: poder e submissão*. Bauru: Edusc, 2000.

THE ECONOMIST OIL IN CUBA? A closely watched search. London, 2004.

UNESCO. *Nossa diversidade criadora*. Campinas: Unesco, Papirus, 1997.

USDS. (US Department of State) Patterns of Global Terrorism – 2001. Release by the Office of the Coordinator of Counterterrorism, 2002. Disponível em: <http://www.state.gov/s/ct/rls/pgtrpt/2001/>.

_____. Patterns of Global Terrorism – 2002. Release by the Office of the Coordinator of Counterterrorism, 2003. Disponível em: <http://www.state.gov/documents/organization/20117.pdf>.

_____. Patterns of Global Terrorism – 2003. Release by the Office of the Coordinator of Counterterrorism, 2004. Disponível em: http://www.state.gov/documents/organization/31944.pdf, 2004.

WHITE HOUSE PRESIDENT APPOINTS REICH AS SPECIAL ENVOY. January 2003. Disponível em: <http://www.whitehouse.gov/news/releases/2003/01/20030109.html>.

WOLF, E. *Guerras camponesas no século XX*. São Paulo: Global, 1984.

ZANETTI, O. *El siglo que se fue: azúcar y economía en Cuba*. Temas (La Habana), n.24-25, ene.-jun. 2001.

ZIMBALIST, A. La economía cubana al comienzo del cuarto decenio. *El Timestre Económico* (Ciudad de México), v.LVI, n.224, 1989.

ZIMBALIST, A., BRUNDENIUS, C. Crecimiento con equidad: el desarrollo cubano en una perspectiva comparada. *Cuadernos de Nuestra América* (La Habana), v.VI, n.13, 1989.

SOBRE O LIVRO

Formato: 10,5 x 19 cm
Mancha: 18,8 x 42,5 paicas
Tipologia: Minion 10,5/12,9
Papel: Pólen Soft 80 g/m² (miolo)
Cartão Supremo 250 g/m² (capa)
1ª edição: 2004
11ª reimpressão: 2023

EQUIPE DE REALIZAÇÃO

Coordenação Geral
Sidnei Simonelli

Produção Gráfica
Anderson Nobara

Edição de Texto
Carlos Villarruel (Preparação de Original)
Agnaldo Alves e
Mônica Reis (Revisão)
Casa de Ideias (Atualização Ortográfica)

Editoração Eletrônica
Casa de Ideias (Diagramação)

Projeto Visual
Ettore Bottini

Ilustração de Capa
© Bettmann/CORBIS